OUR BAUHAUS HERITAGE
UNSER BAUHAUS ERBE

Sandra Hofmeister (Ed./Hg.)

Edition **DETAIL**

The Bauhaus centenary raises the question: What remains? What ideas and concepts did the pioneers of the avant-garde leave to today's architecture and design world? Are there principles, methods and ideals that are still relevant 100 years after the founding of the school in Weimar? Where are the junctures between our current understanding of architecture and design and that of the Bauhaus? When should we focus more on the ideals of the Bauhaus and when should we distance ourselves from it? How do references to the Bauhaus manifest in the contemporary discourse and what attitudes do they reveal?

Those who look to the impact of the Bauhaus on our understanding of architecture today will inevitably consider specific approaches of the avant-garde school and the different opinions held by its masters and students, in order to reveal the diverse strands of its reception. The Bauhaus legacy is also a legacy of modernism. It goes without saying that the question of the Bauhaus legacy is not solely focused on Germany, but rather includes a wide range of cities and countries worldwide. The Bauhaus institution itself was a short-term phenomenon in Weimar, Dessau and Berlin. The international history of the various Bauhaus ideas, however, was carried into the world by many ambassadors – for example to Chicago, Mexico City, Tel Aviv, Barcelona and Hangzhou, where the China Museum of Design Bauhaus Collection opened in 2018. The history of the Bauhaus's impact therefore comprises numerous stories and narratives that together form a lively, heterogeneous picture and are each embedded in a specific context. Philip Ursprung, who in his essay in this book writes about the history of its influence, sees the longevity of the Bauhaus in connection with its short lifespan. "It is not continuity, but discontinuity and inner contradictions, which give [the Bauhaus] vitality to this day," writes Ursprung (p. 12).

The numerous celebrations on its 100th birthday are also proof of the Bauhaus's persistent vitality. Groundbreaking exhibitions, such as *bauhaus imaginista* provided an international stage for its reception. Recently opened museum buildings in Weimar and Dessau give the Bauhaus ideas a new address and at the same time interpret the Bauhaus heritage in their own way. Numerous publications, including scientific treatises, biographies and novels, have reinforced the Bauhaus myth, as have a host of television and radio broadcasts in 2019. Bauhaus is everywhere – whether from Germany to China.

The first Bauhaus book by Edition Detail, *My Bauhaus. 100 Architects on the 100th Birthday of a Myth* (Munich 2018), presents 100 contemporary views by architects on the Bauhaus. The collection of short texts gives readers a clear impression of the multifaceted reception of the Bauhaus, showing how its principles resonate in a wide variety of approaches and attitudes today.

The book *Our Bauhaus Heritage* complements those voices from the field and at the same time sees itself as an independent publication. This time, the focus is on academic discourses surrounding the Bauhaus narrative and the heterogeneous reception of modernism as a whole. The essays are by authors from Zurich to Mexico City, from Barcelona to Toronto,

Im Jubiläumsjahr des Bauhauses stellt sich die Frage: Was bleibt? Welche Ideen und Konzepte haben die Pionierinnen und Pioniere der Avantgarde der Architektur und Gestaltungswelt heute hinterlassen? Gibt es Grundsätze, Methoden und Ideale, die 100 Jahre nach der Gründung der Schule in Weimar noch Relevanz haben? Wo knüpfen wir in unserem gegenwärtigen Selbstverständnis von Architektur und Gestaltung an das Bauhaus an? Wo sollten wir uns stärker an seinen Idealen orientieren und wo müssen wir uns vom Bauhaus distanzieren? Wie formiert sich die Referenz auf das Bauhaus im heutigen Diskurs und welche Haltung ist daraus abzulesen?

Wer sich mit der Resonanz des Bauhauses für das zeitgenössische Architekturverständnis beschäftigt, der wird unweigerlich auf konkrete Ansätze der Avantgarde-Schule eingehen und teils sehr unterschiedliche oder gar konträre Haltungen von Meistern und Studierenden in Augenschein nehmen, um diverse Stränge der Rezeption sichtbar zu machen. Das Bauhaus-Erbe ist nicht zuletzt auch ein Erbe der Moderne. Es ist selbstverständlich, dass sich der Fokus der Frage nach der Hinterlassenschaft des Bauhauses nicht auf Deutschland konzentriert, sondern darüber hinaus die verschiedensten Städte und Länder weltweit einbezieht. Zwar war die Institution Bauhaus selbst ein kurzzeitiges Phänomen in Weimar, Dessau und Berlin. Die internationale Geschichte der vielfältigen Bauhaus-Ideen jedoch wurde durch viele Botschafterinnen und Botschafter in die Welt getragen – beispielsweise nach Chicago und Mexiko City, nach Tel Aviv und Barcelona oder Hangzhou, wo 2018 das China Museum of Design Bauhaus Collection eröffnete. Die Wirkungsgeschichte des Bauhauses besteht deshalb aus vielen Geschichten und Narrativen, die ein heterogenes und schillerndes Gesamtbild ergeben und jeweils in einen spezifischen Kontext eingebettet sind. Philip Ursprung, der in seinem Essay in diesem Buch auch auf die Wirkungsgeschichte zu sprechen kommt, sieht die Langlebigkeit des Bauhauses in einem Zusammenhang mit seiner kurzen Lebensdauer. „Nicht die Kontinuität, sondern die Diskontinuität und innere Widersprüchlichkeit verleihen ihm [dem Bauhaus] bis heute Vitalität“, so Ursprung (Seite 13).

Wie lebendig das Bauhaus heute ist, zeigen die vielfältigen Feierlichkeiten zu seinem 100. Geburtstag. Wegweisende Ausstellungen wie *bauhaus imaginista* boten der Bauhaus-Rezeption die notwendige internationale Bühne. Kürzlich eröffnete Museumsgebäude wie in Weimar oder Dessau geben den Bauhaus-Ideen eine neue Adresse und interpretieren das Bauhaus-Erbe gleichzeitig auf jeweils eigene Art. Zahlreiche Publikationen, darunter wissenschaftliche Abhandlungen, Biografien und Romane, bestärkten den Mythos Bauhaus ebenso wie viele Fernseh- und Radionsendungen, die 2019 ausgestrahlt wurden. Bauhaus ist überall – egal ob in Deutschland oder in China.

Im ersten Bauhaus-Buch bei Edition Detail, *Mein Bauhaus. 100 Architekten zum 100. Geburtstag eines Mythos* (München 2018), sind 100 zeitgenössische Stimmen von Architektinnen und Architekten zum Bauhaus

and each has its own specific focus. Philip Ursprung, for example, sees the Bauhaus as a school of life and demands more courage for community in today's academic world. Aaron Betsky considers the methods of the Bauhaus as a guiding principle that should more strongly informing teaching in the USA. Anna Ramos takes up idealism at the Bauhaus and postulates it as a necessary guideline for contemporary housing construction. Kenneth Frampton reflects on Tomás Maldonado's criticism of neoliberal capitalism and pinpoints the predicament we find ourselves in today. Hilde Strobl evaluates Hannes Meyer's co-op principle against the backdrop of participatory and cooperative projects. Zvi Efrat describes Bauhaus pastiche in Palestine within the context of Zionism and modernism. Stephan Trüby considers the political response to the Bauhaus in Germany. And my own essay points out the connections between the situation of women at the Bauhaus and thoughts on gender equality in the field of architecture today.
My sincere thanks go to the authors who contributed to this book and embraced the idea of presenting their perspectives on the Bauhaus and its legacy. In their essays they take up very different narratives and stories of the Bauhaus. Together, these texts can also be understood as a survey of architecture and architectural discourse today.

Sandra Hofmeister

festgehalten. Die unterschiedlichen Meinungen und Ansätze, die in Kurzstatements zusammengetragen sind, lassen Rückschlüsse auf die Diversität der Bauhaus-Rezeption zu und zeigen, dass seine Ideen heute mit den unterschiedlichsten Ansätzen und Haltungen in Verbindung gebracht werden.

Das nun vorliegende Buch *Unser Bauhaus Erbe* ergänzt die Stimmen aus der Praxis und versteht sich gleichzeitig als eigenständige Publikation. Der Fokus liegt diesmal auf den akademischen Diskursen der Bauhaus-Narrative und der heterogenen Rezeption der Moderne insgesamt. Die Essays sind von Autorinnen und Autoren aus Zürich oder Mexiko City, Barcelona oder Toronto und setzen jeweils spezifische eigene Schwerpunkte. So sieht Philip Ursprung das Bauhaus als eine Schule des Lebens und fordert mehr Mut zur Gemeinschaft im heutigen akademischen Betrieb. Aaron Betsky deckt die Methoden des Bauhauses als ein Leitbild auf, an dem sich die Lehre in den USA stärker orientieren sollte. Anna Ramos greift den Idealismus am Bauhaus auf und postuliert ihn als notwendige Leitlinie für den Wohnungsbau der Gegenwart. Kenneth Frampton spiegelt Tomás Maldonados kritisches Denken auf den neoliberalen Kapitalismus und geht dem Dilemma der Gegenwart auf den Grund. Hilde Strobl bewertet Hannes Meyers Co-op-Prinzip vor dem Hintergrund partizipativer und genossenschaftlicher Projekte. Zvi Efrat beschreibt den Bauhaus-Pastiche in Palästina vor dem Hintergrund von Zionismus und Moderne. Stephan Trüby wiederum stellt sich die Frage, welche politische Haltung die Bauhaus-Rezeption in Deutschland einnimmt. Und in meinem eigenen Essay ist die Situation der Frauen am Bauhaus verknüpft mit Gedanken zur Gleichberechtigung in der Architektur von heute.

Mein ausdrücklicher Dank gilt den Autorinnen und Autoren, die zu diesem Buch beigetragen haben und sich ohne Umschweife dafür begeistern ließen, ihre Perspektiven auf die Bauhaus-Rezeption und sein Erbe darzulegen. In den Essays greifen sie sehr unterschiedliche Narrative und Geschichten des Bauhauses auf. Darüber hinaus können die Texte auch als eine Art Bestandsaufnahme der Architektur und des Architekturdiskurses der Jetztzeit gelesen werden.

Sandra Hofmeister

DESIGNING LIFE

Why we can learn more from the Bauhaus students than from its masters

Philip Urspung

LEBEN ENTWERFEN

Warum wir von den Bauhaus-Schülern mehr als von seinen Meistern lernen können

Philip Ursprung

In the autumn of 2014, my students and I visited the Russian Academy of Fine Arts in Saint Petersburg. The dean of the architecture department led us through the building with a mixture of pride and condescension. We wandered through endless, dark corridors. In the high-ceilinged lecture halls, we observed older professors instructing their students to copy plaster busts. Sketching with pencil and paper, then painting and finally drafting floor plans and elevations – this is the beaux-arts curriculum, unchanged since the time of the tsars. Founded in the mid-18th century, the institution survived many different regimes and produced generations of geniuses, the dean explained. The designs we saw, however, were trivial: stereotypical shopping malls, monotonous residential towers, confusing interiors. The school might have been one of the oldest in the world, but its creative output had been exhausted.

ETERNAL YOUTH

What would have happened, had the Bauhaus not closed down in 1933, but, like most of the German universities, instead come to terms with the Nazi regime? What if the Bauhaus still existed today? Would it have been exhausted by its efforts to adapt to political pressure, like the Petersburg Academy? Would it have sunk to mediocrity, paralysed by its own heritage – like the architecture school of the Illinois Institute of Technology in Chicago, led by the "Bauhausler" Ludwig Mies van der Rohe, or the architecture department of the University of Porto, built up by Álvaro Siza Vieira? Or would the Bauhaus be the world's leading university for visual culture today, a magnet for talent and a model for the synthesis of art, architecture and advanced technology?

Paradoxically, the longevity of the Bauhaus is related to its brief existence. Its premature end after only 14 years of operation granted it eternal youth. We cannot imagine the Bauhaus in any other way than as an inexhaustible source of renewal and experimentation. It is not continuity, but discontinuity and inner contradictions, which give it vitality to this day. In contrast to other similarly short-lived schools, such as Vkhutemas (the Higher Art and Technical Studios) in Moscow (1920–1930), Black Mountain College in North Carolina (1933–1957) and the Hochschule für Gestaltung Ulm (1953–1968), the Bauhaus is characterized by the many divergent ideas associated with it. Its image is influenced by the disputes among its faculty and conflicts between politics and aesthetics, industry and craftsmanship, modernism and tradition. Like a multifaceted crystal, the Bauhaus reflects wishes and fears. Everyone can form their own image of the Bauhaus, as a definitive Bauhaus School does not exist.

LOVED AND HATED

The reception of the Bauhaus has changed over time. During the post-war period, it provided orientation to various successor institutions on both sides of the Atlantic. During the 1970s and '80s, it was demonized as the origin of a monotonous International Style. Tom Wolfe saw in it the roots of a cold and alienated built environment. And Gordon

Im Herbst 2014 besuchte ich mit meinen Studierenden die Russische Kunstakademie in Sankt Petersburg. Der Dekan der Architekturfakultät führte uns mit einer Mischung aus Stolz und Herablassung durch das Haus. Wir verloren uns in endlosen düsteren Korridoren. In hohen Sälen sahen wir greise Professoren, die die Studierenden instruierten, Gipsbüsten zu kopieren. Schwarz-weiß zeichnen, dann mit Farbe malen und schließlich Grundrisse und Aufrisse schaffen, so lautet das Beaux-Arts-Curriculum, unverändert seit der Zarenzeit. Die Mitte des 18. Jahrhunderts gegründete Institution habe schon viele unterschiedliche Regimes überlebt und Generationen von Genies hervorgebracht, erklärte der Dekan. Die Entwürfe, die uns präsentiert wurden, waren allerdings trivial: stereotype Shopping-Malls, monotone Wohntürme, konfuse Interieurs. Die Schule mochte zu den ältesten der Welt gehören, aber schöpferisch war sie nicht mehr.

EWIGE JUGEND

Was wäre, wenn das Bauhaus 1933 nicht aufgelöst worden, sondern sich wie die meisten Hochschulen in Deutschland mit dem nationalsozialistischen Regime arrangiert hätte und bis heute existieren würde? Hätte es sich durch die Anpassungen an den politischen Druck erschöpft, wie die Petersburger Akademie? Wäre es zum Mittelmaß herabgesunken, gelähmt vom eigenen Erbe, ähnlich wie die vom Bauhäusler Ludwig Mies van der Rohe errichtete Architekturschule des Illinois Institute of Technology in Chicago oder die von Alvaro Siza Vieira gebaute Architekturfakultät der Universität Porto? Oder wäre es im Gegenteil die heute weltweit führende Hochschule für visuelle Kultur, ein Magnet für Talente und der Ort, wo die Synthese von Kunst, Architektur und Hochtechnologie gelingt?

Die Langlebigkeit des Bauhauses hängt paradoxerweise mit seiner kurzen Lebensdauer zusammen. Gerade sein frühes Ende nach nur 14 Jahren hat ihm eine ewige Jugend beschert. Wir können uns das Bauhaus gar nicht anders vorstellen denn als unversiegbaren Quell der Erneuerung und des Experiments. Nicht die Kontinuität, sondern die Diskontinuität und innere Widersprüchlichkeit verleihen ihm bis heute Vitalität. Im Unterschied zu anderen, ebenfalls kurzlebigen Schulen wie die Höhere Künstlerisch-Technischen Werkstätten Wchutemas in Moskau (1920–1930), das Black Mountain College in North Carolina (1933–1957) und die Hochschule für Gestaltung Ulm (1953–1968) ist das Bauhaus von divergierenden Haltungen geprägt. Zum Bild, das man sich von ihm macht, gehört der Zwist zwischen den Meistern, zwischen politischen und ästhetischen Haltungen, zwischen Industrie und Handwerk, Moderne und Tradition. Wie ein facettenreicher Kristall spiegelt es die Wünsche und Ängste wider. Jeder kann sich sein eignes Bild machen, denn „die" Bauhaus-Schule gibt es gar nicht.

GELIEBT UND VERHASST

Tatsächlich hat sich die Rezeption des Bauhauses im Lauf der Zeit geändert. In der Nachkriegszeit bot es diversen Nachfolgeinstitutionen dies- und jenseits des Atlantiks Orientierung. In den 1970er- und 80er-Jahren wurde es als Ursprung der Monotonie des International Style dämonisiert. Tom Wolfe sah darin die Wurzeln einer entfremdeten gebauten Umgebung. Und Gordon

Life meets art: The Bauhaus jazz band, photographed by Theodore Lux Feininger, Dessau 1929.

Wenn Leben und Kunst zu einer Einheit werden: Blechbläser der Bauhauskapelle, fotografiert von Theodore Lux Feininger, Dessau 1929.

Matta-Clark ironically stated that the German design machine had conquered the USA and the world, only to end up returning to Germany in the form of the Berlin Wall. Since the 1990s, the Bauhaus has been on the rise once again, its buildings restored. In 1995, when the College of Architecture and Building Weimar, which opened in East Germany after the war, relaunched as Bauhaus University Weimar, it became an overnight sensation, drawing students from all over the world. The design market has long embraced "Bauhaus classics". Both politics and the tourism industry have also recognized that the name can be exploited.

Although the Bauhaus did not have a dedicated architecture department, it holds relevance for architecture schools today – for example the Swiss Federal Institute of Technology (ETH) Zurich, where I work. Not because of its 100th anniversary, or its formal vocabulary or style – although abstraction remains a central tenet for many studios at the ETH. To this day, the Bauhaus serves as a mirror in which to critically reflect on one's own actions. While artisans were readily welcome at the Bauhaus, at ETH they are only admitted through a roundabout route. "Praxis" today means sitting at a monitor in an office. What an enrichment for designing and thinking it would be, if students also learned weaving, carpentry or welding! The visual arts, which were so central to studies at the Bauhaus, are concentrated at the ETH in the first year only, and thus kept separate from the further course of studies; theatre, dance and handicrafts are not at all part of the programme. The dialogue between the various artistic genres, which has played a vital role in the history of visual culture, is now merely an exception.

With respect to didactics, on the other hand, the Bauhaus has persevered. Its legendary preliminary course lives on in the first-year course at the ETH, where construction, design, art, technology and history are taught. And the actual learning core, which takes place in the design studio, is somewhat reminiscent of the Bauhaus workshops and its masters. Just as the Bauhaus differed from traditional academies by focussing not on a single professor but included a wide variety of masters, students at ETH Zurich change studios every semester. Each time, they pursue a different common task together with their instructor as a group. The studios merge craftsmanship, technology, imagination and reflection. The collective stands above the authority of the individual professor.

DESIGNING LIFE

As I see it, the relevance of the Bauhaus today lies less in its products than in how it designed life. The photographs that Theodore Lux Feininger took as a teenager capture the Bauhaus way of life, even more than the formalist studies by the masters. They do not focus on the iconic building in Dessau, but depict, from a student's perspective, everyday student life – at work, playing soccer, making music, sunbathing. They testify to the spirit of the academic community and the pleasure they found in learning. They also show that the students lived every moment to the fullest without seeming to waste their creativity. The community already seemed to sense the pressures of constant performance,

Matta-Clark meinte ironisch, dass die deutsche Designmaschine die USA und die Welt erobert habe, um am Ende als Berliner Mauer wieder nach Deutschland zurückzukehren. Seit den 1990er-Jahren ist der Stern des Bauhauses wieder am steigen. Die Gebäude wurden restauriert. Als die nach dem Krieg in der DDR eröffnete Hochschule für Architektur und Bauwesen Weimar 1995 entschied, sich Bauhaus-Universität Weimar zu nennen, wurde sie über Nacht für Studierende aus der ganzen Welt zum Anziehungspunkt. Längst reißt der Designmarkt sich um die Klassiker. Und auch Politik und Tourismusindustrie haben erkannt, dass sich der Name verwerten lässt.

Obwohl das Bauhaus keine eigentliche Architekturausbildung anbot, ist es aus der Perspektive einer Architekturschule wie derjenigen an der Eidgenössischen Technischen Hochschule (ETH) Zürich, wo ich tätig bin, durchaus aktuell. Nicht wegen des runden Geburtstags und auch nicht wegen eines spezifischen Formenvokabulars oder Stils (obwohl die Abstraktion als zentraler Wert auch an der ETH in vielen Studios noch immer hochgehalten wird). Bis heute hält es einen Spiegel vor, in dem sich das eigene Tun kritisch reflektieren lässt. Während im Bauhaus Handwerker willkommen waren, sind sie an der ETH nur über Umwege zugelassen. „Praxis" heißt heute, in einem Architekturbüro am Bildschirm zu sitzen. Welche Bereicherung für das Entwerfen und Denken wäre es, wenn die Studierenden daneben auch weben, schreinern oder schweißen lernten! Die Bildende Kunst, am Bauhaus der rote Faden des Studiums, ist an der ETH im ersten Jahreskurs konzentriert und damit vom weiteren Verlauf des Studiums abgetrennt. Theater, Tanz, Kunsthandwerk kommen nicht vor. Die im Laufe der Geschichte der visuellen Kultur so wichtige Auseinandersetzung zwischen den künstlerischen Gattungen bleibt somit eine Ausnahme.

In der Didaktik hingegen lebt das Bauhaus weiter. Der legendäre Vorkurs findet sich im sogenannten Ersten Jahreskurs wieder, in dem Konstruktion, Entwurf, Kunst, Technologie und Geschichte gelehrt werden. Und das eigentliche Herz der Lehre, der Unterricht im Entwurfsstudio, erinnert in mancher Hinsicht an die Werkstattidee des Bauhauses sowie an die Präsenz unterschiedlicher Meister. So wie im Bauhaus – im Unterschied zur Ausbildung an den Akademien – nicht ein einzelner Professor im Vordergrund stand, sondern eine Vielfalt von Meistern, so wechseln an der ETH die Studierenden in jedem Semester das Studio. Dort verfolgen sie als Gruppe zusammen mit ihren Lehrern eine gemeinsame Aufgabe. Handwerk, Technik, Imagination, Reflexion lassen sich in den Studios nicht voneinander trennen. Das Kollektiv steht höher als die Autorität der einzelnen Lehrerfigur.

DAS LEBEN ENTWERFEN

Resonanz hat das Bauhaus für mich weniger durch seine Produkte als wegen seiner Art, das Leben zu entwerfen. Dies ist nicht zu verwechseln mit einem Lifestyle, der die damalige Atmosphäre mittels Konsumobjekten rekonstruiert. Die Fotos des Teenagers Theodore Lux Feininger sind für diese Lebensgestaltung emblematisch, mehr als die formalistischen Studien von László Moholy-Nagy und Lucia Moholy, Marianne Brandt, Josef Albers, Herbert Bayer und Lyonel Feininger. Seine Bilder fokussieren nicht auf das ikonische Gebäude in Dessau, sondern zeigen, aus

which was to shape immaterial labour and the "creative industry" from the end of the 20th century onwards. Life as such, the pictures tell us, has become the object of art – a raw material ready to be designed, but also to be marketed and consumed. We can learn even more from the students of the Bauhaus than we can from its masters.

der Perspektive des Studenten, die Kommilitonen bei der Arbeit und im Alltagsleben, beim Fußballspiel, beim Musizieren, beim Sonnenbaden. Sie zeugen von den Freuden der akademischen Gemeinschaft, vom Genuss zu lernen. Zugleich zeugen sie davon, dass die Studenten jeden Moment festhalten und keine Kreativität vergeuden. Die Gemeinschaft scheint den Druck zur ständigen Performance, der die immaterielle Arbeit und die „Kreativindustrie" ab Ende des 20. Jahrhunderts prägten sollten, schon zu ahnen. Das Leben als solches, erzählen uns die Bilder, wird zum Gegenstand der Kunst – ein Rohstoff, der bereit ist, gestaltet, aber auch vermarktet und konsumiert zu werden. Mehr als von den Meistern können wir von den Studierenden des Bauhauses lernen.

THE SOCIAL TURN OF ARCHITECTURE

On the idealism of the Bauhaus and its relevance for architecture today

Anna Ramos

DIE SOZIALE WENDE DER ARCHITEKTUR

Über den Idealismus des Bauhauses und seine Relevanz für die Gegenwart

Anna Ramos

The principles of the Bauhaus included the underlying idea that architecture should play an important role in solving social problems. For this reason, the Bauhaus always aimed to improve everyday life with the help of industrial production and good design in general. Accordingly, Bauhaus designs for objects and spaces intended to respond to actual human needs as objectively as possible, without the constraints of style or convention. With this understanding of architecture as a driving force for social improvement, however, it was inevitable that political and social issues would become a challenge for the Bauhaus as an institution – as was generally the case in Germany and Europe as a whole in the early 20th century. After being founded in Weimar in 1919, the school quickly gained the reputation of being subversive. During its short lifetime of 14 years, the Bauhaus was expelled from Weimar and later from Dessau, then finally shut down by the Nazis in Berlin in 1933. The public reception of the Bauhaus, however, often disregarded the social and political conditions under which its new architecture had been created, and which it wanted to shape. "We must not be misled by the idealism of the European functionalists," stated Henry-Russell Hitchcock and Philip C. Johnson in 1932 in their book, *The International Style: Architecture since 1922* (New York, 1932). They interpreted the new wave of architecture merely as an international style, and paradoxically denied the Bauhaus its idealistic attitude, which we recognize today as its fundamental legacy for architecture. This idealism is based on the conviction that human beings and their physical, psychological and social perspectives should always be at the core of the matter; and that architecture is a process in which the aesthetic moment is necessary, but not exclusive.

SOCIAL REALITIES

Today, the radical and visionary turn in architecture initiated by the Bauhaus remains key to the political and social relevance of the discipline. Historically, it derives from the economic, technical and political developments occurring in modern society, and is paradigmatic in its response to the issue of housing at the time. The industrial revolution had decisive consequences in terms of technology and construction for the urgent housing shortage, both quantitatively and qualitatively. In the early 20th century, broad swathes of society became socially emancipated, asserting their right to housing, which also involved issues of health and hygiene, heating and lighting. The distribution of housing and its affordability likewise became an issue of social concern. This social reality made it necessary for architecture to refocus. Modernist architects responded to this challenge by realigning their profession.

Housing became a key element in their new vision of architecture in terms of its social orientation and ideals. They tested their ideas in experimental model settlements and exhibitions in Stuttgart, Frankfurt and Berlin. The notion of a new way of living was inextricably linked to new building technologies. These included shorter construction times with the help of prefabricated elements, a departure from traditional craftsmanship and manual labour in exchange for mechanized production, and bringing together all these factors

Die Essenz der Bauhaus-Prinzipien schließt die grundlegende Überzeugung ein, dass Architektur eine wichtige Bedeutung bei der Lösung sozialer Probleme hat. Im Mittelpunkt der Bauhaus-Ideen stand deshalb immer der Fokus auf den Alltag der Menschen. Mithilfe der industriellen Produktion und generell mit guter Gestaltung sollte ihr sozialer Alltag verbessert werden. Entsprechend reagierten Bauhaus-Entwürfe für Objekte und Räume auf die tatsächlichen Bedürfnisse der Menschen, sie sollten sich so objektiv wie möglich an diesen orientieren, ohne Rücksicht auf Fragen des Stils. Mit diesem Verständnis von Architektur als treibender Kraft für soziale Verbesserungen war es jedoch auch unvermeidbar, dass der politische und gesellschaftliche Hintergrund für die Institution des Bauhauses zur Herausforderung wurden, so wie insgesamt in der deutschen und europäischen Gesellschaft zu Beginn des 20. Jahrhunderts. Seit der Gründung in Weimar 1919 eroberte sich die Schule schnell den Ruf einer subversiven Einrichtung. So wurde das Bauhaus während seiner kurzen Lebensdauer von 14 Jahren aus Weimar und später aus Dessau vertrieben, bis es schließlich 1933 von den Nationalsozialisten in Berlin geschlossen wurde.

Die Rezeption hat die soziale und politische Realität, in der die neue Architektur des Bauhauses entstand und die sie prägen wollte, oft ignoriert. Henry-Russel Hitchcock und Philip C. Johnson halten in ihrem Buch *The International Style: Architecture since 1922* (New York 1932) fest: „We must not be misled by the idealism of the European functionalists." Sie interpretierten die neue Architektur als nicht mehr denn einen internationalen Stil und erkannten dem Bauhaus paradoxerweise jene idealistische Haltung ab, in der wir heute sein grundlegendes Erbe für die Architektur sehen. Grundlage für dieses idealistische Verständnis ist die Überzeugung, dass der Mensch und seine physische, psychologische und soziale Realität stets im Mittelpunkt stehen und Architektur ein Prozess ist, in dem das ästhetische Moment eine notwenige, aber keine allein ausreichende Bedingung ist.

SOZIALE REALITÄTEN

Die radikale und visionäre Wende im Selbstverständnis von Architektur, die mit dem Bauhaus eingeleitet wurde, ist heute noch für die politische und gesellschaftliche Relevanz der Disziplin maßgeblich. Historisch leitet sie sich aus den wirtschaftlichen, technischen und politischen Entwicklungen der Moderne ab und zeigt sich paradigmatisch in der Frage des Wohnens. Die industrielle Revolution im technischen und konstruktiven Bereich hatte entscheidende Folgen für die drängende Wohnungsnot, und zwar sowohl in quantitativer als auch in qualitativer Hinsicht. Zu Beginn des 20. Jahrhunderts emanzipierte sich die breite Masse der Gesellschaft, sie forderte ein Recht auf Wohnen ein, das Fragen der Gesundheit und Hygiene, der Heizung und des Lichts mit einschloss. Ebenso rückten die Verteilung von Wohnraum und seine Bezahlbarkeit in den Fokus der Gesellschaft. Diese soziale Realität holte die Architektur ein. Die Architekten der Moderne reagierten darauf, indem sie die Disziplin neu ausrichteten.

Der Wohnungsbau wurde zu einem Schlüsselelement für die Idee der neuen Architektur, ihrer sozialen Ausrichtung und ihrer Ideale. Er wurde in experimentellen Mustersiedlungen und Ausstellungen in Stuttgart, Frankfurt und Berlin erprobt. Dabei war die Idee des

GTM
GTM

Grand Parc Bordeaux: The transformation of three large social housing blocks from the 1960s won the Mies van der Rohe Award in 2019.

Grand Parc, Bordeaux: Die Transformation von drei großen Sozialwohnungsblocks aus den 1960er-Jahren wurde 2019 mit dem Europäischen Preis für zeitgenössische Architektur – Mies van der Rohe Award ausgezeichnet.

in order to reduce costs. The new houses had air, light and sun; they took health aspects into account and could be built efficiently. Large window formats, open spaces instead of single small rooms, balconies and terraces were all intended to improve quality of life.

HOUSING ISSUES

Even today, we continue to explore many ways of living that originated in the Bauhaus period: well-designed tiny houses, apartments with flexible floor plans, the densification of urban living spaces, community terraces, and combining different floor plans for different building residents. A century after the Bauhaus was founded, architecture has moved both closer and further away from the needs of society. We have lived through more idealistic and less idealistic times. However, the shift towards sustainable architecture committed to issues of ecological development and the environment, has spurred idealism. The protection and rehabilitation of the built heritage also implies a certain idealism. Our built environment is certainly not merely a question of style, but, as with the Bauhaus, also our ideals. The fight to improve the quality of affordable housing continues, and the question of new forms of housing has yet to be resolved.

THEN AS NOW

For the first time in 2017, the European Union Prize for Contemporary Architecture – Mies van der Rohe Award was presented to a project that is addressing these questions: the renovation of the large De Flat Kleiburg housing block in Amsterdam by XVW architectuur and NL architects. It is a project that echoes the modernist desire to solve social problems through architecture. In the same year, the Mies van der Rohe Emerging Architect Special Mention went to Navez, a small collective housing project. MSA and V+ have raised the bar on social housing with their five units in the north of Brussels for low-income families arriving in Europe. In 2019, the EU Mies Award has once again honoured the renovation of an existing residential building: the transformation of the 530 residential units of the Grand Parc Bordeaux housing block. The project by Lacaton & Vassal Architectes, Frédéric Druot Architecture and Christophe Hutin Architecture, explored the limits of refurbishment driven by their commitment to "never demolish" and to place the residents' everyday lives centre stage.

The legacy of the Bauhaus for architecture today is the ongoing conviction that architecture must play a role in improving people's lives. The idea that we architects should design spaces that are tailored to meet people's needs and leave style out of the equation, remains an ideal today. For architecture is relevant for society when it achieves this goal – then as now.

neuen Wohnens stets eng verbunden mit neuen technischen Methoden. Dazu zählen die verkürzte Bauzeit durch vorfabrizierte Elemente, der Abschied vom traditionellen Handwerk, die Ausrichtung auf Massenproduktion und die zielstrebige Anwendung all dieser Faktoren, um Kosten zu reduzieren. Die Häuser des neuen Wohnens hatten Luft, Licht und Sonne, sie berücksichtigten Gesundheitsaspekte und konnten effizient gebaut werden. Große Fensterformate, offene Räume statt einzelner kleiner Zimmer, Balkone und Terrassen – all dies sollte entscheidend zur Verbesserung der Lebensqualität beitragen.

FRAGEN DES WOHNENS

Auch heute erkunden wir noch immer viele Wege des Wohnens, die in der Bauhaus-Zeit ihren Ursprung nahmen: gut gestaltete Mini-Homes, Apartments mit flexiblen Grundrissen, Vorschläge zur Verdichtung von Wohnraum in Städten, Gemeinschaftsterrassen, die Kombination unterschiedlicher Grundrisse für unterschiedliche Bewohner eines Hauses. 100 Jahre nach der Bauhaus-Gründung ist die Architektur näher an die Bedürfnisse der Gesellschaft gerückt und ist gleichzeitig weiter von ihnen entfernt. Wir haben mal mehr und mal weniger idealistische Zeiten durchlebt. Allerdings hat die Verschiebung hin zu einer nachhaltigen Architektur, die auf Fragen der ökologischen Entwicklung und der Umwelt eingeht, den Idealismus beflügelt. Ebenso implizieren das Erbe und der Umgang mit dem Bestand einen gewissen Idealismus. Unsere gebaute Umwelt ist sicher keine Frage des Stils, sondern es gibt nach wie vor Ideale. Anstrengungen zur die Qualität von bezahlbarem Wohnraum sind wie je eine der brennenden gesellschaftlichen Aufgaben, und die Frage nach neuen Wegen des Wohnens ist noch nicht gelöst.

2017 präsentierte der Mies van der Rohe Award der Europäischen Union erstmals einen Gewinner, der sich diesen Problemen stellt: die Renovierung des großen Häuserblocks DeFlat Kleiburg in Amsterdam von XVW architectuur und NL architects. Es ist ein Projekt, das den Wunsch der Moderne erkennen lässt, soziale Fragen mithilfe von Architektur zu lösen. Die besondere Erwähnung ging im selben Jahr an das kleine, kollektive Wohnprojekt Navez. Mit den fünf Sozialwohnungseinheiten im Norden von Brüssel setzten MSA und V+ einen neuen Maßstab für Immigrantenfamilien, die ohne finanzielle Mittel nach Europa kamen. 2019 zeichnete der EU Mies Award erneut die Renovierung eines Bestandswohnungsbaus aus: die Transformation des Wohnblocks Grand Parc in Bordeaux mit 530 Wohneinheiten. Das Projekt nach dem Entwurf von Lacaton & Vassal, Frédéric Druot Architecture und Christophe Hutin Architecture erkundet die Grenzen des Erhalts von Bestandsbauten. Es setzt sich zum Ziel, nichts abzureißen, und stellt das Alltagsleben der Bewohner in den Mittelpunkt.

DAMALS WIE HEUTE

Das Erbe des Bauhauses für die Architektur von heute zeigt sich in der nach wie vor aktuellen Idee, dass die Disziplin darauf ausgerichtet sein muss, das Leben der Menschen zu verbessern. Die Überzeugung, dass wir Architekten Räume entwerfen, die so genau wie möglich auf die Bedürfnisse der Menschen eingehen und Fragen des Stils außer Acht lassen, ist auch heute ein Ideal. Architektur ist gesellschaftlich relevant, wenn sie dieses Ziel erreicht – damals wie heute.

TRIBUTE TO TOMÁS MALDONADO

The aporetic aspect of the Bauhaus idea and the late-modern predicament

Kenneth Frampton

EINE HOMMAGE AN TOMÁS MALDONADO

Der aporetische Aspekt der Bauhaus-Idee und das spätmoderne Dilemma

Kenneth Frampton

The late Tomás Maldonado, Argentine painter, designer and thinker, was by any standards a polymath and as such he may be seen as an ultimate inheritor of the spirit of the Bauhaus and its invariably ignored predecessor, the Soviet Vkhutemas. Maldonado's founding of the Asociación Arte Concreto-Invención in Buenos Aires at the age of 23 in 1945, together with a fellow painter Lidy Prati and the poet Edgar Bayley, led him to write a critical study of the Swiss concrete artist Max Bill, which was published in Buenos Aires by *Nueva Visión* Editorial in 1955. This in turn led to an invitation to join the faculty of the Hochschule für Gestaltung (HfG) in Ulm, then under the direction of Max Bill who had also designed the building.

NEW APPROACH IN ULM

Bill's unexpected resignation from the HfG Ulm in 1956 led to its direction being assumed by a triumvirate of which Maldonado was a key member. If the legacy of the Bauhaus under Bill still emphasized the foundation course and workshop practice, the curriculum under Maldonado's influence turned towards socio-cultural history and operational research, the latter entailing rudimentary courses in group theory, set theory and statistics, plus courses in the epistemology of science and technique. It is important to note that Maldonado's own shift of focus from painting to design was to some extent the consequence of his editorship in 1951 of the Argentine avant-garde publication *Nueva Visión* dedicated to art, typography, architecture and industrial design. Maldonado's first critique of both the Bauhaus updating for the Arts and Crafts tradition and the neo-kitsch of American styling came with his plenary address to the Brussels World's Fair of 1958, given under the title "New Developments in Industry and the Training of the Designer". In this address Maldonado rejected Reyner Banham's claim that the American streamlined design was a manifestation of folk culture, while as the same time refusing the right-wing aestheticism of the Bauhaus curriculum under Gropius. As he put it:

> The aesthetic factor merely constitutes one factor among others... but it is neither the principle nor the predominant one. The productive, constructive, economic factors – perhaps too, the symbolic factors – also exist. Industrial design is not an art nor is the designer necessarily an artist.[1]

Maldonado followed this dismissal of Banham's populism with an equally critical rejection of Gregor Paulsson's proto-middleclass design taste, as promulgated by the Social Democratic exhibition in Stockholm, 1930. Unlike either Paulsson or Banham, Maldonado was acutely aware of the predicament posed by mass consumerism when he touched on the absence of a theory of need:

> Neither the psychoanalysts nor the professional critics of our civilization can give us a comprehensive explanation of all the phenomena of world consumption. The Marxists

Der 2018 verstorbene argentinische Maler, Designer und Denker Tomás Maldonado war in jeder Hinsicht ein Universalgelehrter. Er kann deshalb als der ultimative Erbe des Bauhaus-Geistes sowie seines stets unbeachteten Vorgängers, der sowjetischen Kunsthochschule Wchutemas, gelten. Als Maldonado 1945 im Alter von 23 Jahren gemeinsam mit seiner Malerkollegin Lidy Prati und dem Dichter Edgar Bayley die Asociación Arte Concreto-Invención in Buenos Aires gründete, veranlasste ihn dies dazu, eine kritische Studie über den Schweizer Künstler Max Bill zu schreiben, die 1955 beim Verlag Nueva Visión erschien. Diese Veröffentlichung wiederum führte zu einem Ruf an die Hochschule für Gestaltung Ulm (HfG), deren damaliger Rektor Max Bill war. Bill hatte auch das Gebäude der Schule entworfen.

DER UNTERRICHT IN ULM

Als Bill 1956 unerwartet von seinem Amt an der HfG Ulm zurücktrat, übernahm ein Triumvirat, in dem Maldonado eine maßgebliche Rolle spielte, die Leitung. Während Bill sich mit seinem Grundkurs und der Arbeit in den Werkstätten noch auf das Bauhaus berufen hatte, konzentrierte sich das Curriculum unter Maldonados Einfluss auf die Gesellschafts- und Kulturgeschichte sowie die Prozessanalyse. Vorgesehen waren auch Einführungen in Gruppentheorie, Mengenlehre und Statistik sowie Kurse in der Erkenntnistheorie von Wissenschaft und Technik. In diesem Zusammenhang ist zu beachten, dass Maldonados eigene Neuausrichtung von der Malerei zum Design in gewisser Weise die Folge seiner redaktionellen Tätigkeit bei der argentinischen Avantgarde-Zeitschrift *Nueva Visión* war, die sich den Themen Kunst, Typografie, Architektur und Industriedesign widmete. Seine erste Kritik an der Wiederbelebung der kunsthandwerklichen Tradition durch das Bauhaus und am Neokitsch der amerikanischen Formgestaltung äußerte Maldonado in seinem Vortrag „Neue Entwicklungen in der Industrie und die Ausbildung des Produktgestalters“ auf der Brüsseler Weltausstellung 1958. Darin wies er Reyner Banhams Behauptung zurück, das stromlinienförmige amerikanische Design sei als eine Erscheinungsform der Volkskunst zu betrachten. Zugleich erteilte er dem rechtsgerichteten Ästhetizismus des Bauhaus-Lehrplans unter Walter Gropius eine Absage:

> Der ästhetische Faktor ist nur ein Faktor unter vielen, mit denen der Produktgestalter arbeitet. Er ist weder der wichtigste noch der beherrschende. Neben ihm gibt es den produktiven, konstruktiven, ökonomischen und vielleicht auch den symbolischen Faktor. Industriedesign ist keine Kunst und der Designer nicht unbedingt ein Künstler.[1]

Auf die Zurückweisung von Banhams Populismus folgte eine ebenso kritische Absage an Gregor Paulssons proto-bürgerlichen Designgeschmack, wie ihn die sozialdemokratische Stockholmer Ausstellung 1930 verkündete. Anders als Paulsson und Banham war sich Maldonado des Dilemmas des Massenkonsums sehr wohl bewusst, als er auf das Fehlen einer Theorie des Bedarfs zu sprechen kam:

> Weder dem Psychoanalytiker noch dem Kulturkritiker gelingt es, uns eine ausrei-

Tomás Maldonado teaching his foundational course at the Ulm School of Design (HfG) in Ulm, 15 March 1956.

Tomás Maldonado während des Unterrichts in seiner Grundlehre an der Hochschule für Gestaltung (HfG) Ulm, 15. März 1956.

> themselves do not succeed. One of them, the French philosopher Henri Lefebvre, recently wrote: "By the side of the scientific study of the productive relations which affect political economy, there is ... room for a concrete study of appropriation: for a theory of needs".[2]

CRITICS AND DESIGN

Maldonado's full transformation into both a critical and a practicing designer came about in his mid-40s, coinciding with the student revolt of 1968 and the closure of the HFG Ulm. This subtle shift in European culture-politics brought Maldonado to the department of the architecture at Princeton University, where he occupied the Class of 1913 chair between 1967 and 1970. This was when both Alan Colquhoun and myself came under his influence and it was through him that we first became aware of the Frankfurt School of Critical Theory and of Herbert Marcuse's *Eros and Civilization*[3] in which Marcuse attempts a cultural critique based on a synthesis of Marx and Freud. The ultimate outcome of Maldonado's residence and research in Princeton was his seminal text *Design, Nature and Revolution: Towards a Critical Ecology,* first published in Italian by Einaudi in 1970 and subsequently in English by Harper & Row in 1972. This extraordinary critical overview, which is as pertinent now as it was when it was first published 50 years ago, led to a series of academic appointments in Italy, first in 1971 to the philosophical department of Bologna University and, later, in 1976 to a professorship in environmental design in the same university. Later, from 1985 to 1994, he would teach the same subject in the department of architecture of the Milan Polytechnic.

In retrospect, it is evident that the HFG Ulm and the work of its leading design faculty, such as Nick Roericht's hotelware for Thomas of 1959 or Hans Gugelot's work for Braun throughout the late '50s and early '60s, attained a level of productive and aesthetic maturity which the Dessau Bauhaus aspired to but never had sufficient stability to achieve. The 1950s were the years of the German *Wirtschaftswunder* and of the multinational adoption of Helvetica as the normative European typeface. However, just around this time the HFG Ulm curriculum was reorganized under Inge Aicher-Scholl, which would now devote 60% of its coursework to "instrumental sciences" and only 30% to 20th century cultural history, indicative of the emerging contradiction between cultivating the critical awareness of designers and the training of industrial designers to serve the needs of what was already a burgeoning consumer society. The sociologist Abraham Moles, in his 1967 essay "Functionalism in Crisis" published in the penultimate issue of the journal *ulm* (19/20), would argue that owing to the German "economic miracle", functionalism was no longer required by society and in consequence durability was the one aspect of function that was no longer desired. As Moles put it:

> Function necessarily contradicts the doctrine of the affluent society which is forced to produce and to sell relentlessly... functionalism is torn between the neo-kitsch of the supermarket and the ascetic fulfillment of functionalism ...[4]

chende Erklärung aller Phänomene des Konsums zu geben. Selbst den Marxisten nicht. Einer von ihnen, der französische Philosoph Henri Lefebvre, schrieb vor kurzem: „Neben dem wissenschaftlichen Studium der Produktionsverhältnisse, wie die Nationalökonomie es betreibt, ist Platz für eine konkrete Erforschung der Aneignung: für eine Theorie des Bedarfs.[2]

KRITIK UND DESIGN

Mit Mitte 40 verwandelte Maldonado sich vollständig in einen kritischen und praktizierenden Designer – zeitgleich mit den Studentenunruhen 1968 und der Schließung der HfG Ulm. Diese feine Kursänderung in der europäischen Kulturpolitik führte Maldonado zum Department für Architektur der Princeton University, wo er zwischen 1967 und 1970 zweimal den Lehrstuhl „Class of 1913" innehatte. Damals standen Alan Colquhoun und ich unter seinem Einfluss. Durch ihn wurden wir zum ersten Mal auf die Frankfurter Schule und Herbert Marcuses *Triebstruktur und Gesellschaft*[3] aufmerksam, in dem Marcuse den Versuch einer Kulturkritik auf der Grundlage einer Synthese aus Marx und Freud unternahm. Das Ergebnis von Maldonados Aufenthalt und Forschungstätigkeit in Princeton war sein wegweisender Text *Design, Nature and Revolution. Towards a Critical Ecology,* der 1970 erstmals auf Italienisch bei Einaudi und 1972 auf Englisch bei Harper & Row erschien. Dieser außergewöhnliche kritische Überblick, der heute genauso relevant ist wie bei seinem Erscheinen vor 50 Jahren, führte zu einer Reihe von Tätigkeiten an italienischen Universitäten, zuerst 1971 an der Abteilung für Philosophie der Universität Bologna und 1976 zu einer Professur in Umweltgestaltung an derselben Universität. Zwischen 1985 und 1994 lehrte Maldonado Umweltgestaltung an der Abteilung für Architektur des Polytechnikums Mailand.

Rückblickend ist offenkundig, dass die HfG Ulm und die Arbeiten ihrer führenden Designer – etwa Nick Roerichts Hotelgeschirr für Thomas von 1959 oder Hans Gugelots Arbeiten für Braun Ende der 1950er- und zu Beginn der 60er-Jahre – eine produktive und ästhetische Reife erreichten, die das Bauhaus in Dessau zwar ebenso angestrebt hatte, aber angesichts mangelnder Stabilität nie erreichte. Die 1950er-Jahre waren die Zeit des deutschen Wirtschaftswunders und der internationalen Einführung der Helvetica als normative europäische Schrift. Gerade zu dieser Zeit wurde jedoch der Lehrplan der HfG Ulm unter Inge Aicher-Scholl umstrukturiert und bestand fortan zu 60 Prozent aus Lehrveranstaltungen in den „instrumentellen Wissenschaften" und nur zu 30 Prozent aus der Kulturgeschichte des 20. Jahrhunderts. Damit deutete er auf den sich abzeichnenden Widerspruch zwischen der Kultivierung des kritischen Bewusstseins von Gestaltern und der Ausbildung von Industriegestalter im Dienste der Bedürfnisse einer bereits boomenden Konsumgesellschaft hin. Der Soziologe Abraham Moles behauptete in seinem Aufsatz „Die Krise des Funktionalismus" in der vorletzten Ausgabe der Zeitschrift *ulm,* angesichts des deutschen Wirtschaftswunders brauche die Gesellschaft keinen Funktionalismus mehr; daher sei Langlebigkeit als Aspekt der Funktion nicht mehr gewünscht. Moles schreibt:

> Der Funktionalismus widersetzt sich notwendig der Philosophie der Überfluss-

This essentially late-modern predicament underpins the essence of Maldonado's magnum opus *Design, Nature and Revolution* and it is to this text we should now turn by way of recognizing the aporetic aspect of the generic Bauhaus idea which, as Maldonado was to put it in a gloss of the English version:

> What, in the final analysis, is "the human environment"? Is it the result of blind process, absolutely devoid of intent and coherence, an arbitrary and desultory accumulation of isolated facts, an uncontrolled and uncontrollable phenomenon? The spectacle offered us by our present environment seems at first to support that interpretation. In fact, anyone living in this world with his eyes open cannot fail to recognize that our hypothetical reality is very similar to the reality we see and endure every day. It is a reality in which the relationships of men to objects has reached an exasperating degree of irrationality.[5]

This autodestructive irrationality, which is so endemic to the seeming triumph of neoliberal capitalism, continues to lead us towards the final extinction of the human species; a destiny that becomes increasingly difficult to avoid. The strength of Maldonado's critical erudition was his determination to give things their proper name; that is to say, to spell out the full scope of our current dilemma without indulging any kind of conciliation. As he put it in a memorable aphorism, "Although one cannot make anything without waste, this is distinguishable from an ideology of waste."

1 Tomás Maldonado, in *ulm*, no. 2, October 1958, pp. 25–40, here p. 31.
2 Ibid., p. 35.
3 Herbert Marcuse, *Eros and Civilization. A Philosophical Inquiry into Freud*, Boston, MA, 1955.
4 Abraham Moles, "Functionalism in Crisis", *ulm*, no. 19/20, August 1967, p. 24.
5 Tomás Maldonado, *Design, Nature and Revolution. Toward a Critical Ecology*, New York, 1972, back jacket.

gesellschaft, die rücksichtslos produzieren und verkaufen will. [...] Darin äußert sich die Krise des Funktionalismus: zwischen dem Neokitsch des Kaufhauses auf der einen Seite und dem Asketismus der Funktionserfüllung auf der anderen Seite.[4]

Dieses im Wesentlichen spätmoderne Dilemma untermauert den Kern von Maldonados Opus magnum *Design, Nature and Revolution.* Diesem Text sollten wir uns nun zuwenden und den skeptischen Aspekt der generischen Bauhaus-Idee erkennen, wie Maldonado ihn in einem Kommentar zur englischen Ausgabe formulierte:

> Was ist letztlich „die menschliche Umwelt“? Ist sie das Ergebnis eines blinden Prozesses bar jeder Absicht und Kohärenz, eine willkürliche und planlose Anhäufung von einzelnen Fakten, ein unkontrolliertes und unkontrollierbares Phänomen? Das Schauspiel, das uns unsere gegenwärtige Umwelt bietet, scheint diese Interpretation auf den ersten Blick zu unterstützen. Tatsächlich kann niemand, der mit offenen Augen in dieser Welt lebt, übersehen, dass unsere hypothetische Realität jener Realität sehr ähnelt, die wir täglich sehen und ertragen. Es ist eine Realität, in der die Beziehungen von Menschen zu Gegenständen ein unerträgliches Maß an Irrationalität erreicht haben.[5]

Diese autodestruktive Irrationalität, die dem scheinbaren Triumph des neoliberalen Kapitalismus eingeschrieben zu sein scheint, führt uns weiter auf das endgültige Aussterben der Spezies Mensch zu – ein Schicksal, das zu vermeiden immer schwieriger wird. Die Stärke von Maldonados kritischem Denken war seine Entschlossenheit, die Dinge beim Namen zu nennen. Maldonado hat unser aktuelles Dilemma in seiner ganzen Tragweite ohne irgendeine Form der Beschwichtigung verdeutlicht. Wie er in einem denkwürdigen Aphorismus sagte: „Obwohl wir nichts ohne Verschwendung herstellen können, unterscheidet sich dies von einer Ideologie der Verschwendung.“

1 Tomás Maldonado, in: *ulm* 2, Oktober 1958, S. 25–40, hier S. 31.

2 Ebd., S. 35.

3 Herbert Marcuse, *Triebstruktur und Gesellschaft. Ein philosophischer Beitrag zu Sigmund Freud,* Frankfurt/Main 1965.

4 Abraham Moles, „Die Krise des Funktionalismus. Notizen aus einem Seminar an der HfG Ulm“, in: *ulm* 19/20, August 1967, S. 24. Zitiert nach: *form* 41, März 1968, S. 36.

5 Tomás Maldonado, *Design, Nature and Revolution. Toward a Critical Ecology,* New York 1972, Buchrückseite.

BAUHAUS SHOULD BE OUR HOUSE: TECHNOLOGY BY DESIGN

A look at the Bauhaus Legacy in the US

Aaron Betsky

BAUHAUS SOLLTE UNSER HAUS SEIN: TECHNOLOGY BY DESIGN

Ein Blick auf das Bauhaus-Erbe in den USA

Aaron Betsky

In the United States, "Bauhaus" is a trigger word. Read it and you see a hospital, a prison, or a rich person's home. You see imprisonment by grids, white walls devoid of any trace of humanity, sunlight so blinding you have to wear sunglasses inside, and flat roofs that leak. You do not see your own home, or where you might want to live, or anything that responds to your body. The late critic and gadfly Tom Wolfe understood and reinforced these connotations when he called his 1981 screed against modernism *From Bauhaus to Our House.*[1]
To many architects of an older generation, such a lack of humanity might be an ideal, or, rather, a utopia for which all their work is but a promissory note. They see their designs as continuing the tradition of rationalizing our world to the point that it will approach machine-made and mass-produced perfection, and there will be no trace of time or reality, leaving space to reign in all its purity. What they miss is that technology has changed and so should their work.

GRAND OLD MEN

Neo-Bauhaus design reached its apogee in the work of the so-called New York Five, named after the 1975 book *Five Architects,*[2] and especially in the designs produced by three of them: Richard Meier, Charles Gwathmey, and Peter Eisenman. What is particularly interesting is that these grand old men have not had any serious followers in this millennium, leaving their influence to be evident only in vacation homes for the super-rich and an occasional second-rate office building you see as you drive to the airport through suburbia. Their work – for all its beauty, or maybe because of it – lacks resonance even among designers.
If the legacy of the Bauhaus were just the continuation of the building in which it operated when it moved to Dessau in 1925 and the forms produced by its three directors, Walter Gropius, Hannes Meyer, and Ludwig Mies van der Rohe, it would thus seem to be a dead end – at least in the United States, where our equivalent of the Bauhaus chain of home improvement centres is tellingly called The Home Depot. But, if we look beyond such appearances, and ask how the Bauhaus operated, out of which traditions it came, and what it aimed to achieve, the answer might be different.

THE TRUE HEIRS

In the most immediate sense, the true heirs to the Bauhaus tradition are schools such as the ArtCenter College of Design in Pasadena, Cranbrook outside of Detroit, Auburn University's Rural Studio in Hale County, Alabama, the Southern California Institute of Architecture (SCI-Arc) and the school I head, the School of Architecture at Taliesin. Each of them in their own way continue the tradition of marrying technology and craft, trying to infuse mass production techniques and the latest technologies with the needs of the human body, including its aesthetic needs. They look to be communities of makers who are trying to build a better world.
We should not forget that the Bauhaus was an Arts and Crafts experiment that came out of such phenomena as the Werkbund and William Morris's and CR Ashbee's workshops.

In den Vereinigten Staaten ist „Bauhaus" ein Reizwort für vieles. Wer es liest, der sieht ein Krankenhaus, eine Haftanstalt oder eine Luxusvilla vor sich. Der denkt an ein Gefängnis aus Rastern, an weiße Wände ohne eine Spur von Menschlichkeit, an undichte Flachdächer oder an Sonnenlicht, das dermaßen blendet, dass man im Haus eine Sonnenbrille tragen muss. Das eigene Zuhause hingegen oder das Haus, in dem man gerne leben würde, ist ebenso wenig mit dem Begriff Bauhaus verbunden wie alles, das auf den eigenen Körper eingeht. Der 2018 verstorbene Kritiker und Provokateur Tom Wolfe verstand und verstärkte diese Konnotationen, als er sein Pamphlet gegen die Moderne von 1981 *From Bauhaus to Our House*[1] nannte. Für viele Architekten der älteren Generation mag der Mangel an Menschlichkeit ein Ideal – oder vielmehr eine Utopie – sein, für die ihr gesamtes Werk als Versprechen steht. Ihre eigenen Entwürfe sehen sie in der Tradition, die Welt derart zu rationalisieren, dass sie an maschinelle, serienmäßig gefertigte Perfektion heranreicht und keine Spuren von Zeit oder Realität mehr enthält – der Raum kann dann in all seiner Reinheit herrschen. Sie übersehen allerdings die Tatsache, dass sich die Technik verändert hat und sich damit auch ihre eigene Arbeit verändern sollte.

GROSSE ALTE MÄNNER

Seinen Höhepunkt erreichte das Neo-Bauhaus-Design im Werk der sogenannten New York Five (nach dem Buch *Five Architects* von 1975[2]) und insbesondere in den Entwürfen dreier von ihnen: Richard Meier, Charles Gwathmey und Peter Eisenman. Das Interessante ist, dass diese großen alten Männer in unserem Millennium keine ernsthaften Anhänger gefunden haben. Ihr Einfluss macht sich nur in Ferienhäusern für die Superreichen und zweitklassigen Bürogebäuden bemerkbar, die man gelegentlich auf dem Weg zum Flughafen in der Peripherie sieht. Trotz oder vielleicht gerade wegen ihrer Schönheit stoßen sie selbst unter Architekten auf geringe Resonanz.

Wenn das Erbe des Bauhauses nur die Fortsetzung des Gebäudes wäre, in das die Schule nach ihrem Umzug nach Dessau 1925 zog, oder nur die Fortführung der Formensprache seiner drei Direktoren Walter Gropius, Hannes Meyer und Ludwig Mies van der Rohe, dann würde es in einer Sackgasse stecken. Zumindest in den USA, wo das Pendant der deutschen „Bauhaus"-Baumärkte bezeichnenderweise „The Home Depot" heißt. Wenn wir jedoch über das äußere Erscheinungsbild hinausblicken und uns fragen, wie das Bauhaus arbeitete, aus welchen Traditionen es hervorging und was seine Ziele waren, könnte die Antwort anders ausfallen.

DIE WAHREN ERBEN

Die wahren Erben der Bauhaus-Tradition sind Hochschulen wie das ArtCenter College of Design in Pasadena, Kalifornien, Cranbrook außerhalb von Detroit, das Rural Studio an der Auburn University in Hale County, Alabama, das Southern California Institute of Architecture (SCI-Arc) in Los Angeles und die School of Architecture Taliesin in Scottsdale, Arizona, deren Direktor ich bin. Jede von ihnen setzt die Tradition der Synthese von Technik und Handwerk auf ihre Weise fort und versucht, die Bedürfnisse des menschlichen Körpers einschließlich seiner ästhetischen Bedürfnisse in Massenproduktionstechniken und die neuesten Technologien

The "Low Fidelity" installation by Erin Besler transfers Peter Eisenmann's drawings for House VI into three-dimensional objects.

Die Installation „Low Fidelity“ von Erin Besler überträgt Zeichnungen von Peter Eisenmans House VI in dreidimensionale Objekte.

The Bauhaus sought, at least at first, not to present a style, but a way of working that was above all else experimental and focused on wresting control of production away from industry, instead putting it in the hands of informed craftspeople who would work for the common good. The Bauhaus was as interested in collage and the expression of people power as it was in making the whitest plane and thinnest glass sheath.

FULFILLING A DREAM

The most obvious way in which a current generation of architects and designers has picked up on that tradition is by using computer and communication tools to give them the freedom to make what they can imagine. When Frank Gehry appropriated the software Dassault had developed to design fighter jets to let him build his designs for the Guggenheim Bilbao, he was fulfilling a Bauhaus dream of using the latest technology to create architecture. The results might not have looked much like what the teachers and students at the Bauhaus made, but then the technology has developed quite a bit as well. The main achievement of using computer-aided design and construction, he pointed out, was to liberate designers from the infantilization in which clients and contractors would let them play in their sandbox in the studio, but then denude their designs of any individual or site-specific aspects just so that they could fit within existing fabrication and economic patterns.

In the decades since then, architects have developed these technologies in many different directions, from the fluid forms of Zaha Hadid's office to the high-affect colours and forms produced by Hernan Diaz Alonzo and others at SCI-Arc. Architects such as Greg Lynn, who first used the term "blobs" in reference to architecture, have gone on to design furniture, sailing boats, and now self-propelling personal movement devices for Piaggi.

Another direction of particular interest has been the use of new technology to create patterns and networks that break through the barriers between inside and outside, between materials, or even between human beings and their environments: Aranda\Lasch, Ball-Nogues, Philip Beezley, and Philippe Rahm have been pushing this approach further in recent years.

TRIPLE O

The current darling of academic theory, at least in some circles, is the notion of Object-Oriented Ontology (OOO, or Triple O), developed on the basis of the philosopher Graham Harman's theories about the nested hyperreality of things and beings.[3] Here technology becomes a way of appropriating not only tools or techniques, but objects, which can range from children's toys to dildos, to build up structures that gain their power from the way they are presented using the latest technology in rendering software.

Finally, there is an even younger generation of designers, such as Erin Besler, Adam Fure, Bittertang, or LA Design Group, who use technology as a way to survey, collect, expose and explore the hidden or unnoticed aspects of the built environment. Just as those

einfließen zu lassen. Deshalb ähneln diese Einrichtungen auch Gemeinschaften von Machern, die sich für eine bessere Welt einsetzen.
Wir sollten nicht vergessen, dass das Bauhaus ein kunstgewerbliches Experiment war, das aus Phänomenen wie dem Werkbund und den Werkstätten von William Morris und Charles Robert Ashbee hervorging. Zumindest zu Beginn versuchte es, keinen Stil, sondern eine Arbeitsweise zu präsentieren, die vor allem experimentell war und ihr Augenmerk darauf richtete, der Industrie die Kontrolle über die Herstellung zu entziehen und diese stattdessen in die Hände von sachkundigen Handwerkern zu legen, die für das Gemeinwohl eintraten. Das Bauhaus interessierte sich ebenso sehr für Collagen und Ausdrucksformen der Macht des Volkes wie für die Herstellung der weißesten Fläche und der dünnsten Glashülle.

EINEN TRAUM ERFÜLLEN

Die deutlichste Art und Weise, wie die heutige Generation diese Tradition aufgegriffen hat, ist durch die Nutzung von Computern und Kommunikationsinstrumenten, die einem die Freiheit geben, Visionen wahr werden zu lassen. Als Frank Gehry für seinen Entwurf des Guggenheim Bilbao die Software übernahm, die Dassault für den Entwurf von Kampfflugzeugen entwickelt hatte, erfüllte er einen Bauhaus-Traum: nämlich mittels der neuesten Technologie Architektur zu schaffen. Die Ergebnisse sahen vielleicht nicht so aus wie damals am Bauhaus, aber schließlich hat sich die Technik weiterentwickelt. Die wichtigste Errungenschaft von computergestützten Design- und Konstruktionslösungen sei es, so Gehry, Architekten aus dem infantilen Sandkasten zu befreien, in dem Bauherren und Bauunternehmer sie in ihrem Büro arbeiten ließen, um ihre Entwürfe im Anschluss aller individueller oder ortsspezifischer Aspekte zu berauben und sie in bestehende Herstellungsmuster und wirtschaftliche Strukturen einzupassen.
In den vergangenen Jahrzehnten haben Architekten diese Technologien in viele verschiedene Richtungen weiterentwickelt, von den fließenden Formen Zaha Hadids zu den effektvollen Farben und Formen von Hernan Diaz Alonso. Architekten wie Greg Lynn, der als erster den Begriff „Blob" in der Architektur verwendete, haben mittlerweile Möbel, Segelboote und selbstfahrende persönliche Helfer für Piaggio entworfen.
Eine weitere Richtung, die von besonderem Interesse ist, ist der Einsatz neuer Technologie zur Herstellung von Mustern und Netzwerken, die die Grenzen zwischen innen und außen, zwischen verschiedenen Materialien oder sogar zwischen Menschen und ihren Umgebungen überwinden: Aranda\Lasch, Ball-Nogues Studio, Philip Beesley und Philippe Rahm haben diesen Ansatz in den letzten Jahren weiter vorangetrieben.

TRIPLE O

Der aktuelle Liebling akademischer Theorie ist, zumindest in manchen Kreisen, der Begriff der objektorientierten Ontologie (OOO oder Triple O), entwickelt auf der Basis der Theorien des Philosophen Graham Harman zur verschachtelten Hyperrealität von Dingen und Wesen.[3] Die Technologie wird hier zu einer Möglichkeit, sich nicht nur Instrumente oder Techniken anzueignen, sondern Objekte – vom Kinderspielzeug bis zu Dildos –, um Strukturen aufzubauen, die ihre Kraft aus

at the Bauhaus used steel tubing, industrial artefacts, and new plastics to make their experiments, this group of architects wants to elevate and transform the everyday into the building blocks of architecture.

On the horizon is an even greater task for designers: how to appropriate the technology of communication, social media, and cloud storage. A great deal of interesting work was done in this field at the MIT Media Lab under Muriel Cooper in the 1990s, and it led to a pre-Cambrian explosion of experimentation in web design at the end of the decade, but the consolidation of the digitally-based industry seems to have leeched out all experimentation from this field. We are still waiting for architects and designers to find ways to liberate the code at the heart of Facebook, Instagram, Snapchat, WeChat, and WhatsApp, not to mention the various Clouds, to make design that will connect us to each other and the world around us in a critical manner.

The work of the Bauhaus is, in other words, not done. The notion that we can recraft our world and thus reimagine it by gathering together a community of designers, learners, and experimenters, is, I believe, still a valid one. We need more places like my school, Cranbrook, SCI-Arc, the MIT Media Lab, Black Mountain College, and even Xerox Parc, so that we can take care of a technology that is now invisible and pervasive to a degree Gropius could never have anticipated, and make it human again.

1 Tom Wolfe, *From Bauhaus to our House*, New York, 1981.

2 Arthur Drexler, Colin Rowe, Kenneth Frampton, *Five Architects: Eisenman, Graves, Gwathmey, Heijduk, Meier*, New York, 1972.

3 Graham Harman, *Object-Oriented Ontology. A New Theory of Everything*, London, 2018.

der Art beziehen, wie sie mithilfe der neuesten Technologie von Rendering-Software dargestellt werden.
Schließlich gibt es eine noch jüngere Generation an Architekten und Designern wie Erin Besler, Adam Fure, Bittertang oder The Los Angeles Design Group, die mittels Architektur die verborgenen oder unbemerkt gebliebenen Aspekte der gebauten Umwelt erfassen, sammeln, beleuchten und ergründen. So wie die Mitglieder des Bauhauses Stahlrohre, industrielle Artefakte und neue Kunststoffe für ihre Experimente verwendeten, will diese Gruppe von Architekten das Alltägliche zu Bausteinen der Architektur erheben und verwandeln.
Derzeit zeichnet sich aber eine sogar noch größere Aufgabe für Architekten und Designer ab: Wie nutzt man Kommunikationstechnologie, Social Media und Cloud-Speicher? Interessante Arbeiten auf diesem Gebiet fanden in den 1990er-Jahren unter Muriel Cooper am MIT Media Lab statt und führten gegen Ende des Jahrzehnts zu einer Explosion an Webdesign-Experimenten, doch die Konzernbildung in der digitalen Industrie scheint sämtliche Experimentierfreude auf diesem Gebiet im Keim erstickt zu haben. Wir warten noch immer darauf, dass Architekten und Designer Wege finden, um den Code freizusetzen, der das Herzstück von Facebook, Instagram, Snapchat, WeChat und WhatsApp – ganz zu schweigen von den verschiedenen Clouds – bildet, um Entwürfe zu kreieren, die uns miteinander und mit der Welt um uns herum auf entscheidende Weise verbinden.
Die Arbeit des Bauhauses ist also noch nicht abgeschlossen. Die Vorstellung, wir könnten unsere Welt neu gestalten und damit neu erfinden, indem wir eine Gemeinschaft aus Designern, Lernenden und Freunden des Experiments versammeln, hat meiner Ansicht nach noch immer Gültigkeit. Doch wir brauchen mehr Orte wie meine Hochschule, wie Cranbrook, das SCI-Arc, das MIT Media Lab, das Black Mountain College und auch das Forschungszentrum Xerox Parc, damit wir uns mit einer Technologie beschäftigen können, die heute so unsichtbar und allgegenwärtig ist, wie Gropius es sich nie hätte vorstellen können, und wir müssen sie wieder menschlich machen.

1 Tom Wolfe, *From Bauhaus to Our House*, New York 1981 (deutsche Ausgabe: *Mit dem Bauhaus leben. Die Diktatur des Rechtecks*, Königstein/Ts 1982).
2 Arthur Drexler, Colin Rowe, Kenneth Frampton, *Five Achitects. Eisenman, Graves, Gwathmey, Heijduk, Meier*, New York 1972.
3 Graham Harman, *Object-Oriented Ontology. A New Theory of Everything*, London 2018.

BAUHAUS IN MEXICO

Hannes Meyer and the question of a failed utopia

Raquel Franklin

BAUHAUS IN MEXIKO

Hannes Meyer und die Frage nach der gescheiterten Utopie

Raquel Franklin

In his text "Bauhaus and Society" from 1929, Hannes Meyer, who was director of the school at the time, reflected on its meaning as he questioned the pathway it had taken. While defining the school's orientation under his leadership he wrote, "We are not seeking a Bauhaus style or a Bauhaus fashion. No modishly flat plane-surface ornamentation divided horizontally and vertically and all done up in neoplastic style. We are not seeking geometric or stereometric constructions, alien to life and inimical to function."[1] Instead, he saw in the Bauhaus a social, not an artistic phenomenon, whose work would be determined by the society it was aimed to serve.

The Bauhaus was not a monolithic set of ideals; it was "a creature of the German Republic ... founded in the confusion of the interwar period."[2] It was a social phenomenon as it was a commercial enterprise; it was the product of the Gesamtkunstwerk as it was of standardization; the expressionistic desire of a new faith and a universal language of forms; a place of political engagement and a way of life; it was a revolutionary learning centre and yet, it was also a style.

The dispersion of the Bauhaus reached almost every corner of the world and Mexico was not the exception. Nevertheless, in the minds of those "Bauhausler" seeking a safe haven from Nazism or simply a place to relocate, Mexico did not figure among the preferred destinations. Apart from some anthropological, archaeological or socio-political curiosity, little attention was paid to a country that, by the mid-1930s, was still trying to define itself after the 1910 revolution. However, its weather, landscapes and culture made it highly attractive for tourism, especially from the United States.

A SLOW START

For the Mexican intelligentsia, the Bauhaus was equally alien; architects trained at the National School of Architecture inherited the academicism of the San Carlos Academy that it emerged from, and looked to the French as the most important source of inspiration. Nonetheless, by 1929, as the National University was gaining in autonomy, José Villagrán and Juan O'Gorman began introducing the modern movement in their works. Had they heard of the Bauhaus by then? Perhaps. In any case, O'Gorman was aware of the European avant-garde, including that of Germany, as he favoured functionalism, for instance, in his design of the schools commissioned by the Secretariat of Education in 1932. In his "Talk on Architecture", part of a series organized by the Society of Mexican Architects the next year, he said:

> Architecture will have to internationalize for the simple reason that man universalizes more and more every day. Isn't this the role of education? Isn't this the role of industry? Thanks to these factors, in Mexico we can enjoy the commodities and the well-being that technology has given us. Wishfully we would have more education and more technology, even if it would be Swedish or German. Efficiency at the lowest cost, isn't it an international necessity?[3]

In seinem Text „bauhaus und gesellschaft" von 1929 stellte der damalige Direktor Hannes Meyer Überlegungen zur Bedeutung des Bauhauses an und hinterfragte seine Ausrichtung. Für sein Direktorat hielt er als Ziel fest: „wir suchen keinen bauhausstil und keine bauhausmode. keine modisch-flache flächenornamentik horizontal vertikal geteilt und neoplastisch aufgepäppelt. wir suchen keine geometrischen oder stereometrischen gebilde, lebensfremd und funktionsfeindlich."[1] Hannes Meyer sah im Bauhaus kein künstlerisches, sondern vielmehr ein soziales Phänomen, das von der Gesellschaft bestimmt war, in deren Diensten es stand.

Das Bauhaus war keine monolithische Setzung von Idealen; es war ein „ausgesprochenes Kind der deutschen Republik [...] 1919 in den Wirren der Nachkriegszeit von dem Architekten Walter Gropius gegründet", wie Meyer in seinem Text „Bauhaus Dessau 1927–30"[2] meint. Es war sowohl ein gesellschaftliches als auch ein kommerzielles Unterfangen; das Bauhaus war das Ergebnis der Idee des Gesamtkunstwerks und der Standardisierung; es war der expressionistische Wunsch nach einem neuen Glauben und zugleich eine universelle Formensprache; ein Ort des politischen Engagements und ein Lebensstil; das Bauhaus war ein revolutionäres Bildungszentrum, und doch war es auch ein Stil.

Die Verbreitung des Bauhauses erreichte fast jeden Winkel der Welt – und Mexiko war keine Ausnahme. Dennoch gehörte Mexiko für die Bauhäusler, die vor dem Nationalsozialismus flohen oder einfach nur einen Ort zur Übersiedelung suchten, nicht zu den bevorzugten Zielen. Abgesehen von einer gewissen anthropologischen, archäologischen oder gesellschaftspolitischen Neugier beachteten sie Mexiko kaum. Das Land war seit der Revolution 1910 und auch Mitte der 1930er-Jahre noch auf der Suche nach sich selbst. Allerdings wurde es dank seines Klimas, seiner Landschaften und seiner Kultur zu einem sehr attraktiven Touristenziel, insbesondere für die Vereinigten Staaten.

VERHALTENER START

Der mexikanischen Intelligentsia war das Bauhaus fremd. Durch ihr Architekturstudium an der Universidad Nacional hatten die Architekten den Akademismus der Academia de San Carlos geerbt, der Frankreich zur wichtigsten Inspirationsquelle machte. Dennoch begannen José Villagrán und Juan O'Gorman ab 1929, die Moderne in ihre Werke aufzunehmen. Hatten sie zu diesem Zeitpunkt vom Bauhaus gehört? Vielleicht. Auf jeden Fall war sich O'Gorman der europäischen, einschließlich der deutschen Avantgarde bewusst, da er beispielsweise bei der Gestaltung der 1932 vom Bildungsministerium in Auftrag gegebenen Schulen einen funktionalistischen Ansatz befürwortete. In seinem „Vortrag zur Architektur" von 1933, der im Rahmen einer Vortragsreihe vom mexikanischen Architektenverband organisiert wurde, erklärte er:

> Die Architektur wird sich aus dem einfachen Grund internationalisieren müssen, weil der Mensch sich jeden Tag ein bisschen mehr universalisiert. Ist das nicht die Rolle der Bildung? Ist das nicht die Rolle der Industrie? Dank dieser Faktoren können wir in Mexiko die Annehmlichkeiten und den wahren Wohlstand genießen, den uns die Technik bietet. Ich wünschte, wir hätten mehr Bildung und mehr Tech-

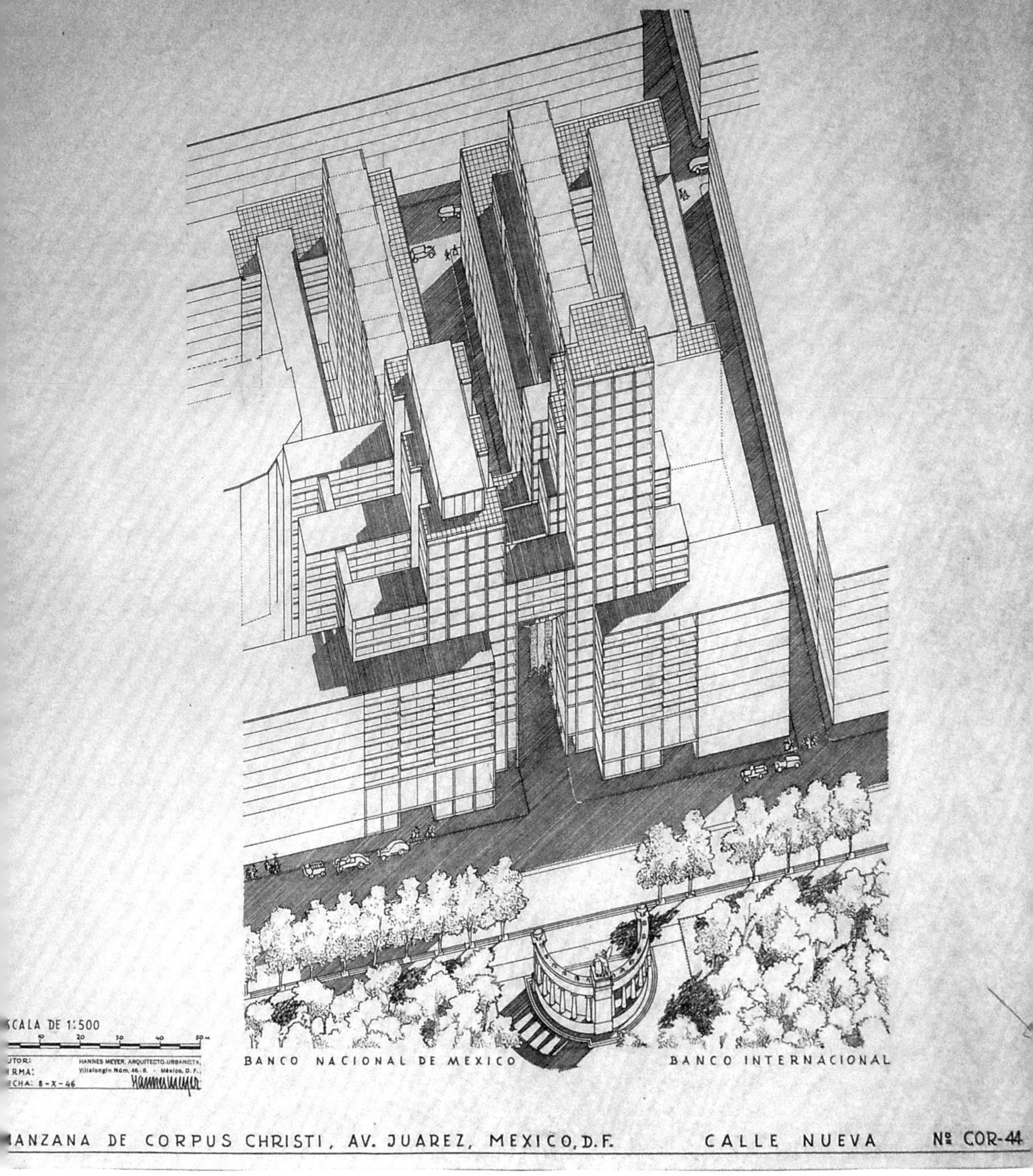

Hannes Meyer, urban planning study for Manzana de Corpus Christi on Avenida Juarez, Mexico City (1942).

Hannes Meyer, städtebauliche Studie zum Manzana de Corpus Christi in der Avenida Juarez, Mexico City (1942).

O'Gorman's approach matched that of Hannes Meyer, not only in their formulation of "function multiplied by economics,"[4] but also in their understanding of the social content of architecture, as he had learned from Villagrán. However, by the time Meyer arrived in Mexico in 1938 to participate in the 16th International Congress on Planning and Housing, and look for opportunities to immigrate, their ideas, and especially their political affiliations, had set them dramatically apart, influencing the reception and implementation of the curriculum for the Institute of Planning and Urbanism. Meyer's plan, in which he proposed strategies similar to those applied at the Bauhaus, was heavily criticized by Guillermo Terrés, Dean of the School of Engineering and Architecture at the National Polytechnic Institute, as being adequate for a governmental office, but not for a school that could not benefit from Meyer's knowledge due to the language barriers.[5] With the closing of the Institute in 1941, a great chance to influence architectural training and with it, the social approach Meyer advocated was lost.[6] As for his wife, Lena Meyer-Bergner, the prospect to contribute by improving textile techniques among the indigenous population in the State of Hidalgo was soon abandoned due to chauvinistic intrigues.[7]

ARRIVAL VIA THE USA

A better chance at influencing or benefiting from the country was held by those coming from the United States, either as visitors or as immigrants. The first Bauhaus students to from the US to Mexico were Anni and Josef Albers in 1935. The artists' first impression was that it was the perfect place to develop abstract art. The richness of Mexico's ancient cultures left a deep imprint in their work, both in Josef's paintings and Anni's textiles. The next summer, with the help of Cuban designer Clara Porset, Josef's work was exhibited in Mexico to a very positive reception.[8] Porset had studied at Black Mountain College in North Carolina and had become part of their circle of acquaintances, which included one of Albers's former students at the Bauhaus, the American Michael van Beuren. After the closing of the school and unable to finish his studies under Ludwig Mies van der Rohe, van Beuren returned to New York in 1935. In 1937, he was offered a job in Acapulco and fell immediately in love with the land he would never leave. While he could not pursue a career in architecture, he became a successful designer combining the local cultural heritage with the industrial techniques of mass-production brought from abroad. Together with his Bauhaus colleague Klaus Grabe, he established the company Grabe & van Beuren – renamed after Grabe's return to the United States as van Beuren SA de CV – and its commercial firm Domus.[9]

Van Beuren, as many others, benefited from the Good Neighbour Policy of President Franklin D. Roosevelt with Latin America. Political, economic and cultural relations were strengthened, opening new markets and fostering tourism and education. In 1945, Walter Gropius wrote his sister:

> My master class has particularly developed and has become more and more international. My students of last year came from China, Thailand, Argentina, Colombia, Hawaii,

nik, auch wenn es schwedische oder deutsche ist. Effizienz zum niedrigsten Preis, ist das nicht eine internationale Notwendigkeit? [3]

O'Gormans Ansatz entsprach dem von Hannes Meyer, was nicht nur die Formulierung „Funktion multipliziert mit Ökonomie" [4], sondern auch das Verständnis des sozialen Inhalts der Architektur anging, wie er ihn von Villagrán übernommen hatte. Als Meyer jedoch 1938 nach Mexiko kam, um am 16. Internationalen Kongress für Planen und Wohnen teilzunehmen und sich nach Einwanderungsmöglichkeiten zu erkundigen, hatten sich ihre Ideen, insbesondere ihre politischen Einstellungen, dramatisch auseinanderentwickelt. Dies hatte Auswirkungen auf die Rezeption und Umsetzung des Lehrplans für das Institut für Planung und Städtebau. Meyers Vorschlag, in der Lehre ähnliche Strategien wie am Bauhaus aufzugreifen, wurde von Guillermo Terrés, dem Dekan der Fakultät für Ingenieurwesen und Architektur am Nationalen Polytechnischen Institut, heftig kritisiert: Der Plan eigne sich für ein Regierungsbüro, nicht aber für ein Universitätsstudium, das aufgrund der Sprachbarrieren nicht von Meyers Wissen profitieren könne. [5] Mit der Schließung des Instituts 1941 ging eine große Chance, die Architekturausbildung zu beeinflussen – und mit ihr der soziale Ansatz von Meyer – verloren. [6]
Zudem gab Meyers Ehefrau Lena Meyer-Bergner angesichts chauvinistischer Intrigen bald das Vorhaben auf, einen Beitrag zur Verbesserung der Textiltechniken unter der indigenen Bevölkerung im Bundesstaat Hidalgo zu leisten. [7]

ANKUNFT ÜBER DIE USA

Eine bessere Chance, das Land zu beeinflussen oder von ihm zu profitieren, hatten diejenigen, die als Besucher oder Einwanderer aus den Vereinigten Staaten kamen. Die ersten Bauhäusler, die von dort nach Mexiko reisten, waren Anni und Josef Albers 1935. Ihr erster Eindruck war der eines perfekten Ortes zur Entwicklung abstrakter Kunst. Der Reichtum der alten mexikanischen Kulturen hinterließ tiefe Spuren in ihrem Werk, nicht nur in Josef Albers Gemälden, sondern auch in Anni Albers Textilien. Im Sommer darauf wurde Josef Albers Werk mithilfe der kubanischen Designerin Clara Porset in Mexiko ausgestellt und sehr positiv aufgenommen. [8]
Porset hatte am Black Mountain College in North Carolina studiert und war Teil des Bekanntenkreises der Albers geworden, zu dem auch der Amerikaner Michael van Beuren, einer ihrer ehemaligen Schüler am Bauhaus, gehörte. Nach Schließung des Bauhauses und mangelnder Möglichkeiten, sein Studium bei Ludwig Mies van der Rohe abzuschließen, war van Beuren 1935 nach New York zurückgekehrt. 1937 erhielt er ein Jobangebot in Acapulco und verliebte sich sofort in das Land, das er nie wieder verlassen sollte. Obwohl ihm eine Karriere als Architekt versagt blieb, wurde er ein erfolgreicher Designer, der das lokale kulturelle Erbe mit den industriellen Techniken der Massenproduktion aus dem Ausland verband. Zusammen mit seinem Bauhaus-Kollegen Klaus Grabe gründete er die Firma Grabe & van Beuren – nach Grabes Rückkehr in die USA wurde sie in van Beuren SA de CV umbenannt – sowie deren Handelsfirma Domus. [9]
Wie viele andere profitierte auch van Beuren von Franklin D. Roosevelts „Politik der guten

> Puerto Rico, Denmark, the rest Americans, among them, a Black. Despite the racial diversity and trajectories, the group was able to transform into a working unit. The tone in the school recalls the Bauhaus in many ways.[10]

One of his students was the Mexican Jorge González Reyna, who entertained Gropius during several of his trips to Mexico and invited him to advise on his project for a chapel. González Reyna later served as Director of the School of Architecture at the National University, bringing his learnings from Harvard to the institution.

Of the three Bauhaus directors, Mies van der Rohe was, paradoxically, the one that came to Mexico only once (in 1958),[11] but also the only one of them to have a design built there. His architecture went on to have immense influence on the Mexican cityscape. By the end of the Second World War, economic growth in Mexico had stagnated, increasing dependency on the United States. In 1949, Hannes Meyer wrote:

> Mexico will suffer, like the rest of Latin America, for a long time from the invasion of the USA with its imports. The United States will do everything possible to flood these countries with its products, its opinions, its politics and ... its culture.[12]

In the 1950s and 1960s, the International Style flourished, and the Bauhaus as a style made its way to Mexico. Glass skyscrapers, residences, banks and offices were (and still are) filled with Barcelona and Wassily chairs, or with van Beuren's furniture, now adapted to new international tastes.[13] The preliminary course, the vertical brigades, the social orientation and the entrepreneurial approach of the Bauhaus were also later integrated into the curriculum of many design and architectural schools. The underlying spirit of the Bauhaus, however, was not to be repeated – neither in Mexico, nor anywhere else. As Hannes Meyer put it, "That would have been to deny the dialectics of historical events."[14]

1 Hannes Meyer, "Bauhaus and Society", *bauhaus: Zeitschrift für Gestaltung,* 3/1, January 1929, p. 2. Reprinted in *bauhaus journal* 1926–1931, facsimile edition, Zurich, 2019.

2 Hannes Meyer, "Bauhaus Dessau 1927–30: Experiencias sobre la Enseñanza Politécnica", *Edificación,* no. 34, July–September 1940, p. 13.

3 Sociedad de Arquitectos Mexicanos, *Pláticas sobre Arquitectura 1933,* Mexico City, 2001, p. 28.

4 Hannes Meyer, "The New World" [1926] in Claude Schnaidt, *Hannes Meyer: Buildings, Projects and Writings,* New York, 1965, pp. 91–93.

5 Such strategies included the important role of the workshop, a scientific approach to the project, closeness to real assignments, work in vertical brigades and dependence on external sources of income.

Nachbarschaft“ gegenüber den Ländern Lateinamerikas. Die politischen, wirtschaftlichen und kulturellen Beziehungen wurden gestärkt, neue Märkte erschlossen und Tourismus und Bildung gefördert. 1945 schrieb Walter Gropius an seine Schwester:

> meine masterklasse hat sich besonders entwickelt und ist mehr und mehr international geworden. meine studenten im letzten Jahr kamen von china, thailand, argentinien, columbien, hawai, puerto rico, dänmark, der rest amerikaner, darunter ein neger. trotz der verschiedenen rassen und werdegänge gelang es, die gruppe in eine arbeitseinheit zu verwandeln.[10]

Einer seiner Studenten war der Mexikaner Jorge González Reyna, der seinen Professor auf mehreren Reisen nach Mexiko begleitete und ihn einlud, ihn bei seinem Projekt für eine Kapelle zu beraten. González Reyna wurde später Direktor der Architekturschule an der Nationalen Universität und brachte seine Erkenntnisse aus Harvard in die Institution ein. Von den drei Bauhaus-Direktoren war Ludwig Mies van der Rohe paradoxerweise derjenige, der nur einmal (1958) nach Mexiko kam,[11] aber als einziger dort baute. Seine Architektur hatte enormen Einfluss auf das mexikanische Stadtbild. Gegen Ende des Zweiten Weltkriegs stagnierte das Wirtschaftswachstum in Mexiko und die Abhängigkeit von den Vereinigten Staaten nahm zu. 1949 schrieb Hannes Meyer:

> Mit seinen Importen wird Mexiko wie der Rest Lateinamerikas lange unter der Invasion der USA leiden und die Vereinigten Staaten werden alles daransetzen, diese Länder mit ihren Produkten, ihren Meinungen, ihrer Politik und [...] ihrer Kultur zu überfluten.[12]

In den 1950er- und 60er-Jahren boomte der International Style und das Bauhaus als Stil erreichte Mexiko. Wolkenkratzer aus Glas, Wohnhäuser, Banken und Büros wurden (und werden) mit Barcelona- und Wassily-Stühlen oder mit van Beurens Möbeln eingerichtet, die inzwischen an neue internationale Trends angepasst wurden.[13] Der Vorkurs, die sogenannten vertikalen Brigaden, die gesellschaftliche Ausrichtung und der unternehmerische Ansatz des Bauhauses wurden später auch in den Lehrplänen zahlreicher Design- und Architekturhochschulen verankert. Das essenzielle Ethos des Bauhauses jedoch sollte sich nicht wiederholen – weder in Mexiko noch anderswo. „Das würde bedeuten, die Dialektik der historischen Ereignisse zu leugnen“, bemerkte Hannes Meyer.[14]

1 Hannes Meyer: „bauhaus und gesellschaft“, in: *bauhaus* 01/1929, S. 2. Wiederabdruck: *bauhaus zeitschrift 1926–1931. faksimile,* hg. von Lars Müller in Zusammenarbeit mit Bauhaus-Archiv/Museum für Gestaltung, Berlin, Zürich 2019.

2 Hannes Meyer, „Bauhaus Dessau 1927–30. Experiencias sobre la Enseñanza Politécnica“, in: *Edificación* 34, 07–09/1940, S. 13.

3 Sociedad de Arquitectos Mexicanos, *Pláticas sobre Arquitectura 1933,* Mexico City 2001, S. 28.

4 Hannes Meyer, „The New World“ [1926], in: Claude Schnaidt, *Hannes Meyer. Buildings, Projects and Writings,* New York, 1965, S. 91–93.

5 Zu diesen Strategien gehörten die zentrale Rolle der Werkstätten, eine wissenschaftliche Herangehensweise an das Projekt, die Nähe zu realen Aufgaben, die Arbeit in vertikalen Brigaden und die Abhängigkeit von externen Einkommensquellen.

6 While in Mexico, Meyer worked in the public realm for the Secretariat of Labour designing the housing estate of Lomas de Becerra, the National Institute for Social Security (IMSS) and the Administrative Committee of the Federal School Construction Program (CAPFCE). He also developed a private practice in urban and regional planning, working on projects such as the Agua Hedionda Spa and the Corpus Christi apartment block. He was active in the exile community and close to the Soviet embassy. Together with Lena, he designed several exhibitions, many addressing Soviet topics. At the end of his stay, he coordinated the Workshop of Popular Graphics (TGP), overseeing its publications. Unfortunately, none of his projects materialized.

7 Hannes Meyer, Letter to Arnold Hoechel, 15 September 1940, DAM 82/1-792(1).

8 Brenda Danilowitz, "Josef Albers: From North Carolina to Mexico and Beyond", presented at Newark Museum on 10 April 2010, vimeo.com/143633514 (accessed 1 July 2019).

9 Ana Elena Mallet, *La Bauhaus y el México Moderno. El Diseño de Van Beuren,* Mexico City, 2014, p. 52.

10 Houghton Library, Walter Gropius Collection, bMS Ger 208 (540) folder 9, Correspondence Gropius/Manon Buchardt, 16 September 1945.

11 Salvador Lizárraga Sánchez, "Mies en Tultitlán", *Bitácora Arquitectura,* no. 26, November 2013–March 2014, p. 83.

12 Hannes Meyer, Letter to Hans Berger, 5 June 1949, DAM 82/1-864(49).

13 See note 9, p. 53.

14 See note 2.

6 Während seines Aufenthalts in Mexiko arbeitete Meyer an Projekten im öffentlichen Raum für das Arbeitsministerium und entwarf die Wohnsiedlung von Lomas de Becerra, das Nationale Institut für Soziale Sicherheit (IMSS) und den Verwaltungsausschuss des föderalen Schulbauprogramms (CAPFCE). Er gründete auch ein eigenes Büro für Stadt- und Regionalplanung, das sich mit dem Heilbad Agua Hedionda und der wirtschaftlichen Machbarkeit des Corpus-Christi-Blocks beschäftigte. Er war in der Exilgemeinde und in Kreisen um die sowjetische Botschaft aktiv. Zusammen mit seiner Frau Lena entwarf er mehrere Ausstellungen, insbesondere zu sowjetischen Themen. Am Ende seines Aufenthalts koordinierte er die Werkstatt der populären Grafik (TGP) und betreute deren Publikationen. Leider kam keines seiner Projekte zustande.

7 Hannes Meyer, Brief an Arnold Hoechel, 15. September 1940, DAM 82/1-792(1).

8 Brenda Danilowitz, „Josef Albers. From North Carolina to Mexico and Beyond“, Präsentation im Newark Museum, 10. April 2010, vimeo.com/143633514 (Stand 01.07.2019).

9 Ana Elena Mallet, *La Bauhaus y el México Moderno. El Diseño de Van Beuren,* Mexico City 2014, S. 52.

10 Houghton Library, Walter Gropius Collection, bMS Ger 208 (540) Mappe 9, Korrespondenz Gropius/Manon Buchardt, 16. September 1945.

11 Salvador Lizárraga Sánchez: „Mies en Tultitlán“, in: *Bitácora Arquitectura* 26, November 2013–März 2014, S. 83.

12 Hannes Meyer, Brief an Hans Berger, 5. Juni 1949, DAM 82/1-864(49).

13 Wie Anm. 9, S. 53.

14 Wie Anm. 2.

THE CO-OP PRINCIPLE BY HANNES MEYER

Architecture as a collective design process

Hilde Strobl

HANNES MEYERS PRINZIP CO-OP

Architektur als sozialles Gestaltungsprinzip

Hilde Strobl

According to his maxim "the people's needs instead of the need for luxury",[1] the second Bauhaus director Hannes Meyer's teaching demanded socially-related design – at first less as an antithesis to the established Bauhaus style, but rather as an augmentation by "social content".[2] Design, planning and workshop activities at the Bauhaus Dessau followed Meyer's co-op principle: the collaborative design process for the collective. With the closure of the Bauhaus in Dessau in 1932 and Meyer's subsequent move to the Soviet Union, he was increasingly accused of having endangered the institution by politicizing it. His Marxist building reforms were interpreted as propagandist party communism.[3] The co-op principle, on the other hand, was widely adopted, revised and is currently reflected in many ways in the civic movements of building cooperatives and sharing communities. But what were the origins of Meyer's theoretical approach and to what extent was it put into practice at the Bauhaus?

INTERDISCIPLINARY COLLECTIVES

As the successor to Walter Gropius, Hannes Meyer not only introduced building design in his time at the Bauhaus from 1928 to 1930, but also lessons with interdisciplinary collective work. His approach was a departure from classical education at universities because it did not focus on the design but on the preliminary scientific analysis, such as the determination of systemic needs and function and project-specific construction methods. By means of these investigations, various parameters were defined as a basis for the design process, but the actual form was not derived directly from them. The collective work involved both the withdrawal of authorship as well as the bringing together of specialists from different fields. Education was to be embedded in society – as the factual target group of the design and production processes. For Hannes Meyer, building was not an aesthetic process or a result of the union of art and technology, but "the deliberate organization of the processes of life" as he formulated programmatically in his text *bauen* (building).[4]
The concept of the "people's needs" also determined economic parameters. Through a share in profits from the sale of the workshops' products such as furniture and wallpaper, designers were encouraged to work independently and, at the same time, thanks to economical industrial production, serve the "liberation of the working class". The workshops were "self-governed" with their employees chosen by its members and confirmed by the directorate and commercial management.[5]
Here, the architect was also regarded as a worker, while the co-op, in Hannes Meyer's teaching, designated both the collective design process and the product. Meyer saw design as a link between the architect (= producer) and society (= user). Everything depended on each other, according to Meyer in his manifesto *The New World* (1926): "Cooperation rules the world. The community rules the individual."6 From 1924 on, Hannes Meyer signed all of his designs and collective works at the Bauhaus with "Co-op" – the advertising logo of the Association of Swiss Consumer Associations (VSK) on whose behalf Meyer planned the co-operative settlement of Freidorf from 1919.

Nach der Maxime „Volksbedarf statt Luxusbedarf"[1] forderte die Lehre des zweiten Bauhausdirektors Hannes Meyer eine gesellschaftsbezogene Gestaltung – zunächst weniger als Gegenbild zum etablierten Bauhausstil, sondern vielmehr im Sinne einer Erweiterung um „sozialen Inhalt"[2]. Entwurf, Planung und die Werkstattarbeit am Bauhaus Dessau folgten unter Meyer dem Co-op-Prinzip: dem gemeinschaftlichen Gestaltungsprozess für das Kollektiv. Mit der Schließung des Bauhauses in Dessau 1930 und Meyers anschließender Übersiedlung in die Sowjetunion mehrten sich die Vorwürfe, Meyer habe die Institution durch Politisierung gefährdet und seine marxistischen Baureformen wurden als propagandistischer Parteikommunismus interpretiert.[3] Das Co-op-Prinzip hingegen wurde vielfach rezipiert, überarbeitet und spiegelt sich aktuell facettenreich in den Bürgerbewegungen der Baugenossenschaften, Baukooperativen und Sharing Communities. Doch woraus entwickelte Meyer seinen theoretischen Ansatz und wie weitreichend war die Umsetzung in der Praxis am Bauhaus?

Als Nachfolger von Walter Gropius führte Hannes Meyer während seiner Zeit als Direktor 1928 bis 1930 nicht nur erstmals die Baulehre am Bauhaus ein, sondern einen Schulbetrieb mit interdisziplinärer Kollektivarbeit. Sein Ansatz wich von der klassischen Ausbildung an den Universitäten ab, da nicht der Entwurf im Mittelpunkt stand, sondern die vorausgehende wissenschaftliche Analyse, wie systemische Bedarfs- und Funktionsermittlung und zweckgerichtete Konstruktionsweisen. Mittels dieser Untersuchungen wurden verschiedene Parameter als Basis für den Entwurfsprozess festgelegt, nicht aber die unmittelbare Form direkt abgeleitet. Die Kollektivarbeit bedeutete zugleich die Zurücknahme der Autorschaft sowie das Zusammenführen von Spezialisten aus verschiedenen Bereichen. Die Ausbildung sollte in die Gesellschaft eingebettet werden – als faktische Zielgruppe der Gestaltungs- und Produktionsprozesse. Für Hannes Meyer war Bauen damit kein ästhetischer Prozess und auch nicht das Ergebnis der Einheit von Kunst und Technik, sondern „die überlegte organisation der lebensvorgänge", wie er im Text „bauen" programmatisch formulierte.[4]

Die Idee des „Volksbedarfs" bestimmte auch wirtschaftliche Parameter: Durch Umsatzbeteiligung beim Verkauf der Produkte der Werkstätten wie zum Beispiel von Möbeln und Tapeten sollten die Entwerfer an selbstständiges Wirken herangeführt werden und zugleich durch günstige industrielle Produktion der „Befreiung der Arbeiterklasse" dienen. Die Werkstätten unterlagen der „Selbstverwaltung" und die Mitarbeiter wurden von Studenten gewählt und von der Direktion und kaufmännischen Leitung bestätigt.[5]

Dabei galt auch der Architekt als Arbeiter und Co-op bezeichnete in Hannes Meyers Lehre sowohl den kollektiven Entwurfsprozess als auch das Produkt. Damit verstand Meyer Gestaltung als verbindendes Element zwischen dem Architekten (Produzent) und der Gesellschaft (Nutzer). Alles hängt voneinander ab, so Meyer in seinem Manifest „Die neue Welt": „Kooperation beherrscht alle Welt. Die Gemeinschaft beherrscht das Einzelwesen."[6]

Ab 1924 zeichnete Hannes Meyer alle seine Entwürfe und die Kollektivarbeiten am Bauhaus mit „Co-op" ab – dem Reklamezeichen des Verbands Schweizer Konsumvereine (VSK), in dessen Auftrag Meyer ab 1919 die Genossenschaftssiedlung Freidorf plante.

Manifesto for a different principle of living: Hannes Meyer's co-op interior of 1926 is reduced to the essentials and radically anti-bourgeois.

Manifest für ein anderes Prinzip des Wohnens: Hannes Meyers Co–op-Interieur von 1926 ist auf das Nötigste reduziert und radikal anti-bügerlich.

“Co-op means cooperation. Cooperation means cooperative.”[7] After his time in Freidorf, Meyer soon saw the attempt to influence society through cooperatives as a failure, even though he remained committed to its reformist goals; he continued to use the “Co-op” signature.[8]

BUILDING FOR THE COMMUNITY

The Freidorf cooperative housing development in Muttenz, near Basel, was one of Hannes Meyer’s first major independent designs. The concept for the model village essentially followed the ideas of Bernhard Jäggi, an important supporter of the Swiss cooperative movement and president of the Union of Swiss Consumers’ Cooperatives. Freidorf was to become a full cooperative, i.e. a self-sufficient housing, consumption and production community, that would cover all “necessities of life by cooperative means”.[9, 10] The founders pursued the “third way”, as proclaimed by cooperative movements at the time, meaning the socialization of land as the economic basis for the co-op settlement and, according to Jäggi, the means of overcoming “antisocial capitalism”.[11] While the content was determined by the cooperative, Hannes Meyer gave it shape. In his report for the building application in 1919, he explained that the dependence on the settlement structure was a means of design and a “new form of community”, writing: “The settlement is a complete whole from a construction, legal and social point of view.”[12]

In the design – as later in his plan for the Federal School of the German Trade Union Federation (ADGB) in Bernau – Meyer followed the concept of the constantly growing circles of life developed by Johann Heinrich Pestalozzi. This placed the family as the closest community and focal point, while the neighbourhood and the community represented everyday proximity and the possibility of immediate relationships. Based on this, Meyer designed for Freidorf a system of 150 single-family terraced homes, arranged in “friendly groups” and with a central community centre that included all elements required for life in the settlement. Following a strict, uniform system, the homes were arranged in straight rows running north-east or south-west. Three layouts were developed, each with 200 m² of garden area. “For the pillars of the community became the pillars of the building: simplicity, equality, truthfulness.”[13] The community centre, considered the the “temple of the community” included a school and shops selling agricultural and manufactured products – paid for in Freidorf’s own currency. Freidorf was based on an “anti-romantic”, strictly modular system, but not yet “modern” in terms of its formal language.

Hannes Meyer lived in the settlement for four years and was the head of its building commission. With the inauguration of the community centre in 1924, his work as a planner was completed. Two years later Meyer distanced himself from his work in Freidorf in a letter to Sigfried Giedion:

> I have a critical view of Freidorf nowadays; it was my last attempt to achieve something by traditional building means. If you ever come to Basel, I can show you where the ice broke for Hannes Meyer. I sometimes feel as if I had slept away 35 years, since my life

„Co-op heißt Cooperation. Cooperation heißt Genossenschaft.“[7] Den Versuch, durch Genossenschaften auf die Gesellschaft einzuwirken, sah Meyer kurz nach seiner Zeit in Freidorf als gescheitert an, auch wenn er den reformerischen Zielen verbunden blieb. Das Kürzel „Co-op“ behielt er bei.[8]

BAUEN FÜR DIE GEMEINSCHAFT

Die Genossenschaftssiedlung Freidorf bei Muttenz zählt zu den ersten größeren eigenständigen Entwürfen Hannes Meyers. Das Konzept für das Musterdorf in der Nähe von Basel folgte im Wesentlichen den Ideen von Bernhard Jäggi, dem bedeutenden Förderer der Schweizer Genossenschaftsbewegung und Präsidenten des VSK. Freidorf sollte eine Vollgenossenschaft werden, das heißt eine autarke Wohn-, Konsum- und Produktionsgemeinschaft, die alle „Lebensbedürfnisse auf dem genossenschaftlichen Wege“[9] abdeckt.[10] Die Gründer verfolgten den auch aktuell von Genossenschaftsbewegungen proklamierten „dritten Weg“, die Vergesellschaftung von Grund und Boden als ökonomische Grundlage für die Siedlungsgemeinschaft und – so Jäggi – die Überwindung des „antisozialen Kapitalismus“.[11] Während die inhaltliche Ausrichtung durch die Genossenschaft festgelegt wurde, war Hannes Meyer ihr Formgeber. Die Abhängigkeit von der Siedlungsstruktur als Gestaltungsmittel und der „neuen Lebensgemeinschaft“ formulierte er in seinem Erläuterungsbericht zum Baugesuch 1919: „Die Siedlung ist in baulicher, rechtlicher und sozialer Hinsicht ein abgeschlossenes Ganzes.“[12] Meyer orientierte sich im Entwurf – wie auch später bei der Planung der Bundesschule des Allgemeinen Deutschen Gewerkschaftsbunds (ADGB) in Bernau – an den von Johann Heinrich Pestalozzi entwickelten immer größer werdenden Lebenskreisen: Die Familie gilt dabei als engste Gemeinschaft und räumlicher Mittelpunkt, die Nachbarschaft und Gemeinde fungieren als die alltägliche Nähe und die Möglichkeit unmittelbarer Beziehungen. Meyer konzipierte daran angelehnt für Freidorf 150 Einfamilienhäuser als Zellenbauten im Zeilenbausystem, in „Freundschaftsgruppen“ geordnet und mit einem zentralen Genossenschaftshaus mit allen Gemeinschaftselementen für das Siedlungsleben. Die geradlinig in Nord-Ost- bzw. Süd-West-Richtung verlaufenden Reihen mit Wohnungen nach drei Grundrisstypen mit jeweils 200 Quadratmetern Gartenfläche folgten einer straffen Gliederung und absoluter Einheitlichkeit: „Denn die Stützen der Gemeinschaft wurden zu Säulen des Bauwerks; Einfachheit, Gleichheit, Wahrhaftigkeit.“[13] Das Gemeinschaftshaus, der „Tempel der Gemeinschaft“ beinhaltete zudem eine Schule und Läden. Hier wurden die Produkte aus der Landwirtschaft und den Manufakturen zum Verkauf angeboten, bezahlt wurde in eigener Freidorf-Währung. Freidorf war zwar „antiromantisch“ in strengen Modulsystemen geplant, in der Formensprache aber noch nicht „modern“.
Hannes Meyer wohnte über vier Jahre in der Siedlung und war Vorsteher der Baukommission. Mit der Einweihung des Gemeindehauses 1924 war die Arbeit des Planers beendet. Zwei Jahre später distanzierte sich Meyer in einem Brief an Sigfried Giedion von seiner Tätigkeit in Freidorf:

> Ich stehe dem Freidorf heute abweisend gegenüber; es war mein letzter Versuch, mit herkömmlichen Bau-Mitteln etwas zu erreichen. Wenn Sie einmal nach Basel

> has become rich now for two years and my faith in our times more certain. I wish for nothing more beautiful than this unequivocal consistency that is guiding my existence more and more. Add to that the thought of all those who are seeking the same on this planet; we are all close after all and know of each other.[14]

Meyer did not distance himself from the principle of community and the notion of architecture's influence on society. Rather, he referred to aspects he formulated in *The New World* (1926): an enthusiasm for a "dynamic world" in which distances fade and the dwelling turns into a machine for living in. The new "building means" go beyond materials and construction to mean society in a globalized world and the cooperative of like-minded people working together. This development is also reflected in Meyer's new approach to form, which he tested in Ghent in 1924 and which influenced his architecture from then on.

CO-OP PRESENTATION

Hannes Meyer accepted an invitation by the VSK to represent it in Ghent at the International Exhibition of Cooperative Activities and Social Welfare in 1924. Meyer presented the cooperative's ideas in various ways: through theatrical performances, product presentations in showcases, display boards and the visual arts.[15] A large glass cabinet in the centre of the space displayed 36 standard co-op products. The packaging, labelled *Co-op,* determined the volumes of the stacks, which were arranged to create the impression of a city. The standardized products were meant to make the circulation of goods in a collectivist society appear associative. Constructivist linocuts and photos were presented as an artistic reaction to these structures, symbolizing the expression of a "design culture" and a form of standard products suitable for a highly developed, global society. Meyer presented an equally technical, scientific approach to standardization as a "social representation of collective action"[16] with the photograph "Co-op Interior with Standardized Furniture" and the accompanying text *The New World* (1926):

> The city is the most manifold biological agglomeration that people have to master consciously and constructively. The demands we make on modern life either in general or by respective social standing, are of the same sort. The truest mark of community is the gratification of such needs by equal means. The result of such collective demands is the standard product. Typical standard wares of international origin and uniformity are: the folding chair, the roll-top desk, the light bulb, the bathtub, the portable gramophone. They are the instruments ofmechanization in our daily life. Their standardized form is impersonal. Their manufacture proceeds serially.[17]

Art in the sense of a "L'art pour l'art" was therefore dead: "Our community consciousness cannot endure individualistic riots."[18] In this spirit, Meyer staged the Théâtre Co-op with the support of actor Jean Bard and his wife from Geneva.

kommen, kann ich Ihnen dort zeigen, wo das Eis beim Hannes Meyer aufbrach. Mir ist öfters, als hätte ich 35 Jahre geschlafen, und seit 2 Jahren ist das Leben reich und der Glaube an unserer Zeit sicher geworden. Ich wünsche mir nichts Schöneres, als diese eindeutige Folgerichtigkeit, die sich immer mehr meines Daseins bemächtigt. Dazu der Gedanke an alle Gleichstrebenden auf diesem Planeten; wir sind uns ja alle nah und wissen voneinander.[14]

Meyer distanzierte sich hier nicht vom Prinzip der Lebensgemeinschaft und dem Gedanken des gesellschaftsbildenden Einflusses von Architektur. Er verwies vielmehr auf Aspekte, die er in „Die Neue Welt" formulierte: eine Begeisterung für eine „dynamische Welt", in der Entfernungen schwinden und das Wohnhaus zur Wohnmaschine wird. Zu den neuen „Bau-Mitteln" zählen – mehr als Material und Konstruktion – die Gesellschaft einer globalisierten Welt und die kooperative Arbeitsgemeinschaft Gleichgesinnter. Diese Entwicklung zeigte sich auch in einem neuen Formwillen Meyers, den er in Gent 1924 erprobte und der seine Architektur fortan beeinflusste.

CO-OP-PRÄSENTATION

Hannes Meyer folgte der Einladung des VSK, diesen auf der Internationalen Ausstellung des Genossenschaftswesens und der Sozialen Wohlfahrtspflege 1924 im belgischen Gent zu vertreten. Zur Präsentation der Genossenschaftsideen wählte Meyer verschiedene Mittel: Theater, Produktpräsentationen in Vitrinen, Schautafeln und bildende Kunst.[15] Eine große Glasvitrine im Zentrum des Raums zeigte 36 Standard-Co-op-Produkte. Die Verpackungen mit der Aufschrift „Co-op" bestimmten die Volumen aus den Stapeln, die wie eine Stadtvision räumlich drapiert waren. Die Serienprodukte sollten den Warenumlauf in einer kollektivistischen Gesellschaft assoziativ anmuten lassen. Als künstlerische Reaktion auf jene Strukturen entstanden konstruktivistisch wirkende Linolschnitte und Fotos als Sinnbild für die Ausprägung einer „Gestaltungskultur", einer adäquaten Form von Standardprodukten für eine hochentwickelte, internationale Weltgesellschaft. Eine ebenso technische, wissenschaftliche Annäherung an die Standardisierung als „soziale Repräsentation kollektiven Handelns"[16] skizzierte Meyer in der Fotografie „Co-op-Interieur mit standardisiertem Mobiliar", die seinen Text „Die Neue Welt" begleitete:

> Die Stadt ist die vielfältigste biologische Ballung, welche vom Menschen bewusst beherrscht und konstruktiv gestaltet werden muss. Unsere heutigen Lebensansprüche sind strich- oder schichtenweise von gleicher Art. Das sicherste Kennzeichen wahrer Gemeinschaft ist die Befriedung gleicher Bedürfnisse mit gleichen Mitteln. Das Ergebnis solcher Kollektivforderung ist das Standardprodukt. Typische Standardwaren internationaler Herkunft und Gleichförmigkeit sind: der Klappstuhl, das Rollpult, die Glühbirne, die Badewanne, das Reisegrammophon. Sie sind Apparate der Mechanisierung unseres Tageslebens. Ihre genormte Form ist unpersönlich. Ihre Anfertigung erfolgt serienweise.[17]

„Tot" war damit die Kunst im Sinne einer „L'art pour l'art: Unser Gemeinschaftsbewusstsein erträgt keine individualistischen

In a pantomime on stage – in the same room as the co-op showcase, with benches for seating and infographics on the red-painted walls – Meyer staged an educational concept in the form of a play. It was a mixture of surreal "product propaganda"-like scenes without language – to make them internationally understandable. The surreal scenes were accompanied by music played on a phonograph. In a mix with live actors, puppets and a play of light and shadow, four scenes from the life of Jean Co-op – the cooperative member par excellence from Freidorf. The play was performed 100 times during its three months in Ghent, and three times in Freidorf. With his piece blending aspects of W.E. Weyerhold's socialist theatre, Friedrich Wolf's agitprop theatre and Erwin Piscator or Bert Brecht's epic theatre, Meyer aimed less at evoking emotion than imparting a lesson – working by means of alienation and distance – through provocation. According to Brecht, the recognition of human behaviour when re-enacted on the stage had a transforming effect on society. Taking this line of thought further by replacing Brecht's audience by users and residents, architecture ideally has a socially formative effect.

"DESIGN TRUE TO LIFE"

Hannes Meyer started his tenure at the Bauhaus with a theoretical approach to design as an "organizational form of existence" and, conversely, with the noble goal of pursuing "design true to life" as "a reflex of contemporary society".[19] Walter Gropius before him had already set up construction offices in architecture class to carry out practical work in the Dessau-Törten housing estate. Meyer took up this approach as the first master of an architectural class and then as Bauhaus director. His intention was to transfer the ideas from *The New World* and to overcome the individualistic conception of the artist, architect and designer. He formed vertical working groups (brigades) across several semesters, which served for collective self-education and knowledge transfer. The practical exercises included five arcaded houses in Dessau-Törten. The students were also responsible for project planning and later site supervision. Students were likewise involved in the construction of the Federal School of the German Trade Union Federation in Bernau.[20]

Under Meyer's direction, the Bauhaus was to act as a collective for the people and as a model in society. But differences in opinion grew, for both political and artistic reasons. For instance, although in addition to the new architecture classes, independent painting classes led by Klee and Kandinsky were set up and thus raised in status, they were at the same time separated from the workshops. The workshops themselves were intensified and made to pursue research and designs unaffiliated with the co-op and adapted to the conditions of industry and mass production. Reflecting the highest maxim of "the people's needs instead of the need for luxury", Bauhaus members reported:

> Do we build swanky chairs for general directors or seating for low-paid workers? We have now constructed a kitchen chair from which a woman does not have to

Ausschreitungen".[18] Ganz in diesem Geist inszenierte Meyer mit der Unterstützung des Schauspielerehepaars Jean Bard aus Genf das Théâtre Co-op.

In einem Gebärdenspiel auf der Bühne – im selben Raum wie die Co-op-Vitrine mit Bänken, an den rotgestrichenen Wänden mit Infografik versehen – verwirklichte Meyer ein erzieherisches Konzept als Theaterstück. Dieses war eine Mischung aus surrealen und werbenden „produktpropagandahaften" Szenen ohne Sprache – um sich international verständlich zu machen. Die surrealen Szenen wurden durch Musik vom Phonographen begleitet. In einer Mischung aus realen Personen, Puppen, Licht- und Schattenspielen wurden vier Szenen aus dem Leben des Jean Co-op gezeigt – dem Genossenschaftler par excellence aus Freidorf. Das Stück wurde während der drei Monate in Gent hundertmal aufgeführt, in Freidorf dreimal. Einzuordnen zwischen dem sozialistischen Theater von W. E. Weyerhold, dem Agitprop-Theater Friedrich Wolfs oder Erwin Piscators oder Bert Brechts „Epischem Theater" zielte Meyer weniger auf Emotion, sondern mehr im Sinne eines Lehrstücks, das mit Mitteln der Verfremdung und Distanz arbeitet, auf Provokation. Die Erkenntnis von Verhaltensweisen durch deren Nachvollzug auf der Bühne verändert, laut Brecht, die Gesellschaft. Verfolgt man das Bild weiter und ersetzt Brechts Publikum durch die Nutzer und Bewohner, wirkt Architektur im besten Fall gesellschaftsbildend.

„LEBENSRICHTIGE GESTALTUNG"

Mit dem theoretischen Ansatz einer Gestaltung als „organisationsform des daseins" und umgekehrt dem hehren Ziel einer „lebensrichtigen gestaltung" als „ein reflex der zeitgenössischen gesellschaft"[19] startete Hannes Meyer am Bauhaus. Bereits Walter Gropius bildete Baubüros in der Architekturklasse, um praktische Arbeiten im Siedlungsbau in Dessau-Törten auszuführen. Meyer übernahm diese Herangehensweise als erster Meister einer Architekturklasse und dann als Direktor. Sein Anliegen war es, die Ideen aus „Die Neue Welt" zu übertragen und die individualistische Auffassung des Künstlers, Architekten und Gestalters zu überwinden. Er bildete vertikale Arbeitsgruppen (Brigaden) über mehrere Semester hinweg, die der kollektiven Selbsterziehung und Wissensvermittlung dienten. Zu den Übungen am praktischen Beispiel zählten fünf Laubenganghäuser in Dessau-Törten. Auch die Projektierung und spätere Bauleitung übernahmen Studenten. Ähnlich wurden die Studenten beim Bau der Bundesschule des ADGB in Bernau eingebunden.[20]

Während Meyers Direktorenschaft sollte das Bauhaus als ein Kollektiv für das Volk und als Vorbild in der Gesellschaft wirken. Doch die Differenzen stiegen – zum einen aus politischen Gründen und zum anderen im Hinblick auf die künstlerische Position. Auch wenn neben der Bildung von Architekturklassen die Malklassen von Paul Klee und Wassily Kandinsky als freie Malklassen eingerichtet und damit aufgewertet wurden, wurden diese gleichzeitig von den Werkstätten separiert. Die Werkstätten selbst wurden forciert, co-op-anonyme Studien und Entwürfe durchgeführt und an die Bedingungen der Industrie und der Massenproduktion angepasst. Nach der obersten Maxime des „Volksbedarf statt Luxusbedarf" berichteten die Bauhäusler:

get up to cook lunch, wash dishes or peel potatoes. This chair consists of two plywood panels and a curved tube. It fulfils its purpose. It is inexpensive. That's the main point for us.

In fact, only a few pieces of furniture from the workshops were serially produced, such as the furniture for the *Volkswohnung* (People's flat). Most of them, however, never went beyond the prototype stage.[21]

1 Hannes Meyer, "Mein Hinauswurf aus dem Bauhaus", in Lena Meyer-Bergner, ed., *Hannes Meyer. Bauen und Gesellschaft. Schriften, Briefe, Projekte,* Dresden 1980, p. 69.
2 Tomás Maldonado, "Ist das Bauhaus aktuell?", *ulm 8/9. Zeitschrift der Hochschule für Gestaltung,* 1963/1964, pp. 5–13, here p. 13, quoted in Thomas Flierl, Philipp Oswalt, eds., *Hannes Meyer und das Bauhaus. Im Streit der Deutungen,* Leipzig, 2018, pp. 219–227, here p. 227.
3 On the different interpretations of Meyer's political orientation see: Winfried Nerdinger, "'Anstößiges Rot'. Hannes Meyer und der linke Baufunktionalismus – ein verdrängtes Kapitel Architekturgeschichte", in *Hannes Meyer. Architekt, Urbanist, Lehrer, 1889–1954,* exhibition catalogue, Deutsches Architekturmuseum, Frankfurt, 1989, pp. 9–29; Magdalena Droste, "Unterrichtsstruktur und Werkstattarbeit am Bauhaus unter Hannes Mayer", in ibid. pp. 134–165, here pp. 139–141; Thomas Flierl, Philipp Oswalt, eds., see note 2.
4 Hannes Meyer, "bauen" (1928), see note 1, pp. 47–50, here p. 49. Also see *das prinzip coop – Hannes Meyer und die Idee der kollektiven Gestaltung,* exhibition catalogue Bauhaus Dessau, 2015.
5 Droste, see note 3, here pp. 141–143.
6 Hannes Meyer, "Die neue Welt", see note 1, p. 29.
7 Hannes Meyer, "Die Siedlung Freidorf", *Das Werk* 12, no. 2/1925, p. 42, quoted in Klaus-Jürgen Winkler, *Der Architekt Hannes Meyer. Anschauung und Werk,* Berlin 1987, pp. 226 –228, here p. 226.
8 Martin Kieren, "die neue baulehre ist keine stil-lehre". Hannes Meyer als Architekt und Lehrer am Bauhaus", *archithese,* 4/1989, pp. 34–41, here p. 41.
9 Article in Genossenschaftsblatt, quoted in Martin Kieren, *Hannes Mayer. Dokumente zur Frühzeit. Architektur- und Gestaltungsversuche 1919–1927,* Heiden, 1990, p. 37.
10 For more information on Freidorf as well as its history and context see Winkler, see note 7, pp. 32–45; Kieren, see note 8, pp. 31–72.
11 Bernhard Jäggi, *Aufbau und Entwicklung,* 1922, p. 10, quoted in Winkler, see note 7, p. 34.
12 Erläuterungen zum Baugesuch von Hannes Meyer, 6 September 1919, State Archives of the Canton of Basel-Landschaft, Liestal, quoted in Kieren, see note 9, p. 37.
13 See note 7, p. 227.
14 Letter from Hannes Meyer to Sigfried Giedion, summer of 1926, Giedion Archive, institut gta, ETH Zurich, quoted in Kieren, see note 9, p. 71.
15 Winkler, see note 7, pp. 46–55; Kieren (see note 9), pp. 91–128.
16 Raquel Franklin, "Auf das absolute Minimum reduziert", in Jesko Fezer, Martin Hager, Christian Hiller, eds., *Hannes Meyer. Co-op Interieur,* Leipzig, 2015, pp. 1–6, here p. 3.
17 Hannes Meyer, "Die neue Welt", *Das Werk* 13, no. 7/1926, in Anton Kaes, Martin Jay, Edward Dimendberg, eds., *The Weimar Republic Sourcebook,* Berkeley, 1994, pp. 445–48.
18 See note 6, here p. 31.
19 Hannes Meyer, "bauhaus und gesellschaft", in Meyer-Bergner, see note 1, pp. 49–53, here p. 49.
20 Anne Stengel, "Baupraxis als Lehre", in Philipp Oswalt, ed., *Hannes Meyers neue Bauhauslehre. Von Dessau bis Mexiko,* Bauwelt Fundamente, vol. 164, Basel, 2019, pp. 130–142.
21 Droste, see note 3, here p. 146; Stiftung Bauhaus Dessau, see note 4, pp. 86–91.

Bauen wir Schausessel für Generaldirektoren oder Sitzmöbel für Arbeitende mit niedrigem Lohn? Wir haben jetzt einen Küchenstuhl konstruiert, von dem die Frau nicht aufzustehen braucht, um das Mittagessen zu kochen, das Geschirr zu spülen, Kartoffeln zu schälen. Dieser Stuhl besteht aus zwei Platten Sperrholz und einem gebogenem Rohr. Er erfüllt seinen Zweck. Er ist billig. Das ist uns die Hauptsache.

Faktisch werden nur wenige Möbel der Werkstätten seriell produziert, wie zum Beispiel die Ausstattung der „Volkwohnung" – die meisten kommen über die Produktion eines Prototyps nicht hinaus. [21]

1 Hannes Meyer, „Mein Hinauswurf aus dem Bauhaus", in: Lena Meyer Bergner (Hg.), *Hannes Meyer. Bauen und Gesellschaft. Schriften, Briefe, Projekte,* Dresden 1980, S. 69.

2 Tomás Maldonado, „Ist das Bauhaus aktuell?", in: *ulm* 8/9, Zeitschrift der Hochschule für Gestaltung, 1963/64, S. 5–13, hier S. 13, zit. nach Thomas Flierl, Philipp Oswalt (Hg.), *Hannes Meyer und das Bauhaus. Im Streit der Deutungen,* Leipzig 2018, S. 219–227, hier S. 227.

3 Zu den verschiedenen Deutungsweise von Meyers politischer Ausrichtung: Winfried Nerdinger, „‚Anstößiges Rot'. Hannes Meyer und der linke Baufunktionalismus – ein verdrängtes Kapitel Architekturgeschichte", in: *Hannes Meyer. Architekt, Urbanist, Lehrer, 1889–1954* (Ausst.-Kat. Deutsches Architekturmuseum, Frankfurt), Berlin 1989, S. 9–29; Magdalena Droste, „Unterrichtsstruktur und Werkstattarbeit am Bauhaus unter Hannes Meyer", in: ebd., S. 134–165, hier S. 139–141; Flierl/Oswalt (Hg.), wie Anm. 2.

4 Hannes Meyer, „bauen" (1928), in: Meyer-Bergner, wie Anm. 1, S. 47–50, hier S. 49; siehe auch: Stiftung Bauhaus Dessau (Hg.), *das prinzip coop – Hannes Meyer und die Idee der kollektiven Gestaltung* (Ausst.-Kat. Bauhaus Dessau), Leipzig 2015.

5 Droste, wie Anm. 3, hier S. 141–143.

6 Hannes Meyer, „Die Neue Welt", in: *Werk* 07/1926, zitiert nach: Meyer-Bergner, wie Anm. 1, S. 27–32, hier S. 29

7 Hannes Meyer, „Die Siedlung Freidorf", in: *Werk* 02/1925, S. 42, zitiert nach: Klaus-Jürgen Winkler, *Der Architekt Hannes Meyer. Anschauung und Werk,* Berlin 1987, S. 226–228, hier S. 226.

8 Martin Kieren, „‚die neue baulehre ist keine stil-lehre'. Hannes Meyer als Architekt und Lehrer am Bauhaus", in: *archithese* 04/1989, S. 34–41, hier S. 41.

9 Artikel aus dem Genossenschaftsblatt, zitiert nach Martin Kieren, *Hannes Mayer. Dokumente zur Frühzeit. Architektur- und Gestaltungsversuche* 1919–1927, Heiden 1990, S. 37.

10 Zu Freidorf sowie Vorgeschichte und Kontext umfassend in: Winkler, wie Anm. 7, S. 32–45; Kieren, wie Anm. 9, S. 31–72.

11 Bernhard Jaeggi, *Aufbau und Entwicklung,* 1922, S. 10 (zitiert nach Winkler, wie Anm. 7, S. 34)

12 Erläuterungen zum Baugesuch von Hannes Meyer, 06.09.1919, Staatsarchiv des Kantons Basel, Land, Liestal, zitiert nach: Kieren, wie Anm. 9, S. 37.

13 Wie Anm. 7, hier S. 227.

14 Hannes Meyer an Sigfried Giedion, Sommer 1926, Giedion-Archiv, institut gta, ETH Zürich, zitiert nach: Kieren, wie Anm. 9, S. 71.

15 Winkler, wie Anm. 7, S. 46–55; Kieren, wie Anm. 9, S. 91–128.

16 Raquel Franklin, „Auf das absolute Minimum reduziert", in: Jesko Fezer, Martin Hager, Christian Hiller (Hg.), *Hannes Meyer. Co-op Interieur,* Leipzig 2015, S. 1–6, hier S. 3.

17 Hannes Meyer, "Die neue Welt", *Werk* 13, 07/1926, zitiert nach: Anton Kaes, Martin Jay, Edward Dimendberg, (Hg.), *The Weimar Republic Sourcebook,* Berkeley, 1994, S. 445–48.

18 Wie Anm. 6, hier S. 31.

19 Hannes Meyer, „bauhaus und gesellschaft", in: Meyer-Bergner, wie Anm. 1, S. 49–53, hier S. 49.

20 Anne Stengel, „Baupraxis als Lehre", in: Philipp Oswalt (Hg.), *Hannes Meyers neue Bauhauslehre.* Von Dessau bis Mexiko, Bauwelt Fundamente Bd. 164, Basel 2019, S. 130–142.

21 Droste, wie Anm. 3, hier S. 146; Stiftung Bauhaus Dessau, wie Anm. 4, S. 86–91.

PIDGIN BAUHAUS

The delirium of white walls and flat roofs

Zvi Efrat

PIDGIN-BAUHAUS

Das Delirium weißer Wände und flacher Dächer

Zvi Efrat

In a letter dated 26 September 1937, Hannes Meyer explored the prospect of a Jewish architectural style with his former student and protégé Arieh Sharon, now the rising architect of the Jewish federation of labour unions in Palestine:

> Since I've been involved in the urban planning effort in Birobidzhan in 1933/34, I would also be interested in the character of the Jewish construction enterprise in your country.[1] Are there any attempts to establish a distinctive Jewish-national style?? Even if it were just exquisite kitsch of the highest order I would still be interested.[2]

"Jewish style" remains a misnomer in architectural history, yet the Jewish national movement itself was very much preoccupied with its architectural approach. It finally found its "exquisite kitsch of the highest order" in what is portrayed in this article as *Pidgin Bauhaus,* a delirium of white walls and flat roofs, erupting around 1930 and spreading across the Zionist divide for two formative decades.

The instantaneity of this eruption and the unequivocal embrace of modernism are confounding. Until 1930, the search for a distinctive Jewish, Hebrew or quasi-Semitic style was indeed at the core of local architectural practices and was connected to a larger discourse of Jewish cultural revival. During the 1910s and '20s there was hardly a trace, built or written, of Neues Bauen, let alone of Bauhaus. Practically every public edifice of the period had a revivalist allegory written on its walls and each residential building was dressed to the occasion in a pastiche of oriental motifs, Eastern European neo-classicisms and Jugendstil biblical fantasies.

After 1930, such semantic confusion and impromptu iconography were literally inadmissible and considered offensive to the national project. The decorated sheds of yesteryear were rejected by municipal authorities and refused building permits until redressed de rigueur. Architectural associations, city engineers, newspapers and periodicals, design competitions and Levant Fairs all enlisted to naturalize modern architecture as a casual dress code, adapt it as a spoken vernacular and, most effectively, propagate it as the ubiquitous marker of urban and rural Zionism. Waves of Jewish refugees and exiles coming mainly from Central Europe during the 1930s prompted the construction of dozens of new rural settlements and the rapid expansion of cities. The 1933 Transfer Agreement *(Haavara)* brought a flow of exports from Germany and considerably boosted the local building industry.[3]

Civil servants, ideologues, developers, poets, Beaux Arts architects – all acquired an instant modernist savoir faire, a cosmopolitan whiteness-infused agreeable ambience of *Bildung* (education), acculturation and elsewhereness. A bric-a-brac of modified cubist, expressionist, Corbusian, Bauhaus, even constructivist effects created entire villages and cities of makeshift modernism. Exiled from Europe, *Neue Sachlichkeit* (New Objectivity) was domesticated in the Levant as *Yiddishkeit,* a German-Hebrew vernacular, peculiarly eclectic, decidedly popular.

In einem Brief an seinen ehemaligen Studenten und Protegé Arieh Sharon, der inzwischen ein Architekt des jüdischen Gewerkschaftsbunds in Palästina geworden war, lotet Hannes Meyer am 26. September 1937 die Möglichkeit eines jüdischen Architekturstils aus:

> Seit ich 1933/34 in die urbane Planung von Birobidzhan involviert war, würde mich auch der Charakter des jüdischen Aufbaus interessieren. Gibt es Versuche, einen speziell national-jüdischen Stil zu creieren?? Auch wenn es Edelkitsch reinster Sorte wäre, so würde es mich interessieren.[1]

Der „jüdische Stil" bleibt eine irreführende Bezeichnung in der Architekturgeschichte, doch die jüdische Nationalbewegung beschäftigte sich intensiv mit seinem architektonischen Ansatz. Ihren „Edelkitsch reinster Sorte" fand sie schließlich in dem, was in diesem Artikel als „Pidgin-Bauhaus" bezeichnet wird, ein Delirium aus weißen Wänden und flachen Dächern, das um 1930 aufkam und sich zwei prägende Jahrzehnte lang über die zionistische Kluft hinweg ausbreitete. Die Unmittelbarkeit dieser Entwicklung und grundsätzlich die bedingungslose Übernahme der Moderne sind verblüffend. Bis 1930 waren lokale Architekten auf der Suche nach einem unverwechselbaren jüdischen, hebräischen oder quasi-semitischen Stil, der mit einem breiteren Diskurs der Wiederbelebung jüdischer Kultur einherging. In den 1910er- und 20er-Jahren gab es in Israel kaum eine Spur des Neuen Bauens, geschweige denn des Bauhauses. Praktisch jedes öffentliche Gebäude der Zeit war ein Sinnbild der Erneuerung, und jedes Wohnhaus war dem Anlass angemessen in eine Nachahmung von orientalischen Motiven, osteuropäischem Neoklassizismus und biblischen Jugendstil-Fantasien gekleidet.

ZIONISMUS UND MODERNE

Nach 1930 waren diese semantischen Verwirrungen und improvisierten Ikonografien nicht mehr zulässig und galten als Angriff auf das nationale Projekt. Die verzierten Schuppen der Vergangenheit wurden von den kommunalen Behörden abgelehnt und erhielten keine Baugenehmigung. Architektenverbände, städtische Ingenieure, Zeitungen und Zeitschriften, Architekturwettbewerbe und Levante-Handelsmessen setzten sich allesamt dafür ein, moderne Architektur als lässige Sprache heimisch zu machen, sie anzupassen und als allgegenwärtige Zeichen eines städtischen und ländlichen Zionismus zu propagieren. Die Wellen jüdischer Flüchtlinge und Vertriebener, die in den 1930er-Jahren hauptsächlich aus Mitteleuropa kamen, führten zum Bau von Dutzenden neuen ländlichen Siedlungen und zur raschen Erweiterung der Städte. Das Haavara-Abkommen von 1933 brachte einen Strom von Exportgütern aus Deutschland und kurbelte die lokale Bauwirtschaft kräftig an.[2]

Beamte, Ideologen, Bauunternehmer, Dichter, Architekten der Beaux-Arts – sie alle erwarben umgehend modernistisches Know-how. Kosmopolitisches Weiß durchdrang eine angenehme Atmosphäre aus Bildung, kultureller Anpassung und Anderswosein. Ein Sammelsurium aus modifizierten kubistischen, expressionistischen, corbusianischen, vom Bauhaus beeinflussten und sogar konstruktivistischen Effekten ließ ganze Dörfer und Städte der behelfsmäßigen Moderne

RICHARD KAUFFMANN
TOWNPLANNER
הארכיון הציוני המרכזי
ארכיון ר. קאופמן
A 175
27/11

Richard Kaufmann, perspective drawing of the Produce of the Land Palace for the Levant Fair, Tel Aviv 1933.

Richard Kaufmann, perspektivische Zeichnung des Produce of the Land Palace für die Levante-Messe, Tel Aviv 1933.

What was the secret charm and sudden grip of modern architecture on the Jewish imaginary? Why did it become endemic in Palestine like nowhere else, indeed without a manifest, or a formal theory, or a building industry, or an urban crisis, or a "modern condition" to speak of? The critic Julius Posener, arriving in Palestine in 1935 as a Jewish refugee, reporter for *L'Architecture d'Aujourd'hui* and possible émigré, was perplexed by the modernist pidgin he found in Tel Aviv. In a letter to Le Corbusier written shortly upon his arrival in Palestine, he described the city as an awkward mise-en-scene of misappropriations and anachronisms:

> In Tel Aviv ... apartment buildings are crowded on plots of 15 × 50 square meters, facing towards narrow, dusty streets, but with a modern pretension; corner windows, ... too wide, too low windows, brutal openings, through which light falls abruptly into sleeping rooms ... Looking at these houses one would like to say: Your architect left Stuttgart (or Breslau) in 1926. He stopped at the latest trend of the day before yesterday. He never understood that Palestine is not Silesia, and that architecture has progressed since 1926.[4]

(Le Corbusier, who never visited Palestine, and could not have realized his own vital impact on the architecture of Tel Aviv, replied to this letter succinctly and clairvoyantly: "No formula for Palestine. ... Create an architecture that is not merely functionalist."[5] Remarkably, the common attribute functionalism is in fact absent from any account of Zionist modernism).

Another derisive attack on the architecture of Tel Aviv was launched by Erich Mendelsohn, the most prominent architect provisionally practising in Palestine (1935–1941), and published in the local *Palestine Post:*

> Engineers of European contemporary architecture, who were trying to find adequate architectural expression for their new materials – steel, reinforced concrete, and glass – found that their experiments had come through with hundreds of bastard buildings in Palestine. Experiments were to become a perennial model of the visible rebuilding of the national home: broken corners, stripes of wall openings and the exuberance of glass, designed originally for close contact between indoor and outdoor life, but wholly unsuitable to the subtropical climate of Palestine. That transition stage which almost degenerated into a pestilence is not yet entirely overcome.[6]

Mendelson's portrayal of Tel Aviv, a caricature of occidental misfits hyperventilating in the "subtropical climate of Palestine", is a dismal dialectical image of Stuttgart's Weissenhofsiedlung, scorned as a "suburb of Jerusalem" by Paul Bonatz[7] or orientalised as *Araberdorf* (Arab village) in the infamous 1934 *Bund fur Heimatschutz* photomontage.

Alas, Mendelsohn's "hundreds of bastard buildings ... which almost degenerated into a pestilence" reflexively reverberate concurrent attacks on modern architecture as inherently inferior, hybrid, rootless, roofless, and inexorably contagious. His premise is by no means

entstehen. Aus Europa vertrieben, wurde die Sachlichkeit in der Levante als „Jiddischkeit" häuslich, ein deutsch-hebräisches Vernakulär, eigentümlich eklektisch, ausgesprochen populär.
Worin bestanden der geheime Charme und die plötzliche Faszination der modernen Architektur für die jüdische Vorstellungswelt? Warum wurde sie in Palästina heimisch wie nirgends sonst, ohne ein Manifest, ohne eine formale Theorie, ohne Bauindustrie, ohne städtische Krise, ohne nennenswerte moderne Voraussetzungen?
Der Kritiker Julius Posener, der 1935 als jüdischer Flüchtling, Reporter für *L'Architecture d'Aujourd'hui* und möglicher Emigrant nach Palästina kam, war verblüfft über das modernistische Pidgin, das er in Tel Aviv vorfand. Kurz nach seiner Ankunft in Palästina schrieb er an Le Corbusier und schilderte ihm die Stadt als eine plumpe Inszenierung von misslungenen Aneignungen und Anachronismen:

> In Tel Aviv drängen sich die Mietshäuser auf Grundstücken von 15 mal 50 m an engen, staubigen Straßen; aber all dies ist „modern". Eckfenster, [...] zu breite, zu niedrige Fenster, brutale Öffnungen, durch die das Licht abrupt in die Schlafzimmer fällt [...] Beim Anblick eines Hauses kann man sagen: Dein Architekt hat 1926 Stuttgart (oder Breslau) verlassen. Er ist bei diesem letzten Schrei von vorgestern geblieben. Er hat nie geahnt, dass Palästina nicht Schlesien ist und dass es bei gewissen Problemen der Architektur seit 1926 einen Fortschritt gegeben hat.[3]

Le Corbusier, der nie in Palästina war und seinen entscheidenden Einfluss auf die Architektur Tel Avivs gar nicht hätte bemerken können, antwortete Posener kurz und hellsichtig: „Keine Formel für Palästina. [...] Baue eine Architektur, die nicht nur funktionalistisch ist."[4] Bemerkenswerterweise fehlt das gemeinsame Attribut Funktionalismus in allen Beschreibungen der zionistischen Moderne. Zu einer weiteren Spottrede auf die Architektur Tel Avivs hob Erich Mendelsohn an, der bekannteste in Palästina tätige Architekt, der von 1935 bis 1941 hier wirkte und in der *Palestine Post* schrieb:

> Ingenieure der zeitgenössischen europäischen Architektur, die versuchten, einen adäquaten architektonischen Ausdruck für ihre neuen Materialien – Stahl, Stahlbeton und Glas – zu finden, mussten feststellen, dass ihre Experimente mit Hunderten von Bastardgebäuden nach Palästina durchgedrungen waren. Die Experimente sollten zu einem mehrjährigen Modell des sichtbaren Wiederaufbaus des Nationalen Heims werden: gebrochene Ecken, Streifen von Wanddurchbrüchen und der Überschwang an Glas, das ursprünglich für den engen Kontakt zwischen Innen- und Außenraum konzipiert, aber für das subtropische Klima Palästinas völlig ungeeignet war. Diese Übergangsphase, die fast zu einer Seuche ausgeartet ist, ist noch nicht ganz überwunden.[5]

Mendelsohns Porträt von Tel Aviv als einer Karikatur abendländischer Sonderlinge, die im „subtropischen Klima Palästinas" hyperventilieren, zeichnet ein düsteres dialektisches Bild der Stuttgarter Weissenhofsiedlung, die von Paul Bonatz[6] als „Vorort Jerusalems" verhöhnt und in der berüchtigten

reactionary or racist, but essentialist. His critique of mediocrity, plagiarism anddisplacement fails to recognize the probable destiny of modern architecture as bastardized mass culture, as a sellout of the "trend of the day before yesterday", and as a forced exodus and exotic relocation where it may be diluted as an "International Style" or solidified as a "national style", offer phantasmal refuge for refugees, or a colonial masquerade for colonisers.

BUILDING CULTURE

Mendelsohn's own project in Palestine was the articulation of a new "Semitic Architecture", an oriental modernism based on material and stereometric interpretation of native Arab structures. This short-lived project – which entailed a double renunciation both of an anti-Semitic discourse explicitly relating modern architecture to Jewish neurosis and of the Zionist enterprise ostensibly appropriating modernism as its own erratic trope – resulted in several built projects, most significantly the *Hadassah* hospital in Jerusalem, but has lead to an esoteric cul-de-sac of pseudo-autochthonous modernism.

Julius Posener's writings in Palestine took a similar regionalist tenor with a particular interest in the oriental interior and a witty proposal to set up the Jewish "white cardboard" houses on a plan of an Arab house.[8] Unlike Mendelsohn, however, Posener was not at all interested in *genius loci* or ingenious designs. Three years after his impassioned letter to Le Corbusier, he published a conclusive essay on traditional and modern building in Palestine in the September 1938 issue of *Das Werk.* His earlier culture shock was replaced by indulging self-mockery and an introspective commentary on what he diagnoses as a Jewish taste for belated fashions and second-hand goods:

> We have stated what the Jews did not bring with them. They did however bring something, at least the last wave of immigration. In Germany, the architecture of flat roofs, ribbon windows, cantilever slabs, corner windows, stairwell slits and 'dynamic cornices' has been called *'Succoth Architecture' (Laubhüttenarchitektur)* and an attempt was made to link it to our oriental bloodline. The truth is that here it appears foreign and European. But it is also true to say that the Jewish architects and the Jewish public are very fond of this architecture, maybe still as a legacy of the relatively uncontested status they had enjoyed in central Europe for the past ten years. Like some of the political theories of that same period it still appeals as 'progressive' to them when really they are in the process of becoming well-nigh historical. The 'modern style' overcame the Eastern *shtetl* as well as the attempts at a national architecture that were made before the war.[9]

Following Posener's polemics, the Jews took the blame, as it were, for modern architecture's nomadic origin and, in a sudden leap of faith, appropriated modernism as their collective mark of Cain.[10] The act of self-stereotyping, of embracing the aesthetic deficiency

Fotomontage des Bundes für Heimatschutz 1934 als Araberdorf orientalisiert worden war. Leider klingen Mendelsohns „Hunderte von Bastardgebäuden [...], die fast zu einer Seuche ausgeartet" sind, reflexartig in den gleichzeitigen Angriffen auf die moderne Architektur nach, die diese als grundsätzlich minderwertig, hybrid, wurzellos, dachlos und unweigerlich ansteckend abqualifizieren. Mendelsohns Prämisse ist keineswegs reaktionär oder rassistisch, sondern essenzialistisch. Seine Kritik an der Mittelmäßigkeit, am Plagiat und an der Verlagerung verkennt das voraussichtliche Schicksal der modernen Architektur als eine verfälschte Massenkultur, als Ausverkauf des „letzten Schreis von vorgestern", ebenso des Zwangsexodus und der exotischen Umsiedlung, wobei sie als „International Style" verwässert oder als „nationaler Stil" verfestigt wurde, um eine trügerische Zuflucht für Flüchtlinge oder eine koloniale Maskerade für Siedler zu bieten.

REGIONALE BAUKULTUR

Mendelsohns eigenes Projekt in Palästina war die Formulierung einer neuen „semitischen Architektur", einer orientalischen Moderne, die auf der materiellen und geometrischen Interpretation einheimischer arabischer Bauten beruhte. Dieses kurzlebige Projekt – das einen doppelten Verzicht bedeutete: zum einen auf einen antisemitischen Diskurs, der die moderne Architektur explizit mit jüdischen Neurosen in Verbindung brachte, zum anderen auf das zionistische Projekt, das sich die Moderne scheinbar als eigenen ziellosen Ausdruck aneignete – mündete in mehrere gebaute Projekte, allen voran das Hadassah-Krankenhaus in Jerusalem, führte aber in eine esoterische Sackgasse der pseudo-einheimischen Moderne. Julius Poseners Schriften zu Palästina nahmen einen ähnlichen regionalistischen Grundton an, wobei er besonderes Interesse am orientalischen Interieur zeigte und den geistreichen Vorschlag machte, jüdische Häuser aus „weißem Karton" auf dem Grundriss eines arabischen Hauses zu errichten.[7] Im Gegensatz zu Mendelsohn war Posener jedoch keineswegs am Genius Loci oder an raffinierten Entwürfen interessiert. Drei Jahre nach seinem leidenschaftlichen Brief an Le Corbusier veröffentlichte er 1938 in der September-Ausgabe von *Das Werk* einen abschließenden Essay über traditionelles und modernes Bauen in Palästina. An die Stelle seines früheren Kulturschocks tritt nun eine schwelgerische Selbstironie und ein introspektiver Kommentar zu dem, was er als jüdische Vorliebe für den letzten Schrei von vorgestern und für Gebrauchtwaren diagnostiziert:

> Wir haben gesagt, was die Juden nicht mitbrachten. Sie brachten aber auch etwas mit, wenigstens die letzte Welle der Einwanderung. Man hat in Deutschland die Architektur der flachen Dächer, Fensterbänder, Kragplatten, Eckfenster, Treppenschlitze und „dynamischen" Gesimse „Laubhüttenarchitektur" genannt und sie aus unserem orientalischen Blut herleiten wollen. Wahr ist, dass sie hier fremd und europäisch wirkt. Aber wahr ist ebenfalls, dass die jüdischen Baumeister und das jüdische Publikum dieser Architektur nachhängen, vielleicht als einem Erbe aus den zehn Jahren verhältnismässiger Unangefochtenheit, die sie in Mitteleuropa genossen. Wie manche politischen

of "*Succoth* architecture", is instrumental and works on several levels. First, it provides the Jews with an architectural myth of origin. Their alleged traceless nomadism finally has a proper object, a building culture, rudimentary as it may be. Second, the modern style – especially when already outdated as Posener comically suggests – is an elegant way out of the visual ghetto of the *shtetl* and its reincarnation in the eclectic search for a Jewish national style in Palestine. In other words, the expulsion from *Heimat* (homeland) is also the exodus from the diaspora, the opportune obliteration of centuries of "minor" Jewish culture, and the eventual prospect of universal assimilation.
And finally, while the indigenous trope of *Succoth* authenticates the Jews as primal orientals, as epic returnees, the pedant image of white architecture safeguards their otherness in the Orient. "It seems alien and European here", Posener comments on the spectre of the modern style in Palestine, only to inversely mirror the Nazi allegation that the modern style "seems alien and Oriental here", on German soil.[11] A Trojan horse in Stuttgart, the "roofless house" becomes a flying camel in Tel Aviv, an outlandish fancy of liminality, masquerade and cross-breed. Patently derivative and outdated, the exiled object of the avant-garde is divested of its critical stance, technological competence and aesthetic climax, but finally gets a life of ordinary complacency, vernacular transmission, and popular affection: "The Jewish architects and the Jewish public are very fond of this architecture."

1 Note from translator Jan Caspers: Hannes Meyer uses the term *Jüdischer Aufbau. Aufbau* is a concept that has no straightforward equivalent in the English language. It implies a purposeful creation of something that has not been there before, beyond the mere physical erection of edifices. It is therefore popular in utopian contexts where prolific use was made of this term. "Reconstruction" is often used because it implies a similar sense of mission.

2 Letter from Hannes Meyer to Arieh Sharon, September 1937, Bauhaus Dessau Foundation.

3 The Haavara Agreement was a plan drafted in the summer of 1933 by the Jewish Agency for Palestine, the German Zionist Federation and the German Economics Ministry in order to allow German Jews to emigrate to Palestine and retain some of the value of their property in Germany by purchasing German goods and redeeming them in Palestine local currency. To a certain extent, the material make-up of the White City of Tel Aviv was determined by this transfer agreement.

4 Letter from Julius Posener to Le Corbusier, November 1935, Jerusalem. Quoted in Ita Heinze-Greenberg, "This Once Gold-Diggingly Created City: Eric Mendelsohn and Tel Aviv", *Docomomo Journal,* March 2009, p. 96.

Theorien der gleichen Zeit erscheint sie ihnen noch „fortschrittlich", da sie doch nachgerade historisch wird. Der „moderne Stil" überwand das östliche „Städtel" und auch die Versuche einer nationalen Architektur, die vor dem Kriege unternommen wurden [...]. [8]

Poseners Polemik zufolge nahmen die Juden sozusagen die Schuld für den nomadischen Ursprung der modernen Architektur auf sich und eigneten sich nach einem plötzlichen Sinneswandel die Moderne als ihr kollektives Kainsmal an. [9] Der Akt der Selbststereotypisierung, die Übernahme des ästhetischen Mangels der „Laubhüttenarchitektur" ist entscheidend und macht sich auf mehreren Ebenen bemerkbar: Erstens liefert er den Juden einen architektonischen Ursprungsmythos. Ihr angebliches spurloses Nomadentum hat endlich ein eigenes Objekt, eine Baukultur, so rudimentär sie auch sein mag. Zweitens ist der „moderne Stil" – vor allem dann, wenn er bereits überholt ist, wie Posener humoristisch andeutet – ein eleganter Ausweg aus dem visuellen Ghetto des Schtetl und dessen Reinkarnation auf der eklektischen Suche nach einem national-jüdischen Stil in Palästina. Die Vertreibung aus der Heimat ist mit anderen Worten auch der Exodus aus der Diaspora, die gelegen kommende Verdrängung von Jahrhunderten „kleiner" jüdischer Kultur und die letztendliche Aussicht auf universelle Anpassung.

Und während schließlich der einheimische Ausdruck der „Laubhütte" die Juden als Ur-Orientalier, als heldenhafte Rückkehrer bestätigt, garantiert das Bild der weißen Architektur ihre Andersartigkeit im Orient. „Er scheint hier fremd und europäisch", kommentiert Posener das Gespenst der modernen Architektur in Palästina, nur um die nationalsozialistische Behauptung umzukehren, der „moderne Stil" erscheine auf deutschem Boden fremd und orientalisch. [10] Das trojanische Pferd des „dachlosen Hauses" in Stuttgart wird in Tel Aviv zu einem fliegenden Kamel, einer bizarren Fantasie von Übergang, Maskerade und Mischling. Das offenkundig abgeleitete und veraltete Exilobjekt der Avantgarde wird seiner kritischen Haltung, seiner technischen Kompetenz und seines ästhetischen Höhepunkts beraubt, erhält aber schließlich ein Leben der gewöhnlichen Selbstgefälligkeit, der vernakulären Weitergabe und der Zuneigung der Bevölkerung: „Die jüdischen Architekten und die jüdische Öffentlichkeit mögen diese Architektur sehr."

1 Brief von Hannes Meyer an Arieh Sharon, September 1937, Stiftung Bauhaus Dessau.

2 Das Haavara-Abkommen war ein Plan, der im Sommer 1933 von der Jewish Agency for Palestine, der Zionistischen Vereinigung für Deutschland und dem deutschen Reichsministerium für Wirtschaft ausgearbeitet wurde. Er sollte deutschen Juden die Auswanderung nach Palästina ermöglichen und ihnen erlauben, durch den Kauf deutscher Waren, die sie in palästinensische Landeswährung einlösen konnten, einen Teil des Wertes ihres Vermögens in Deutschland zu erhalten. In gewissem Maße bestimmte dieses Transferabkommen die materielle Zusammensetzung der Weißen Stadt Tel Aviv.

3 Brief von Julius Posener an Le Corbusier, Jerusalem, 3. November 1935. In: Matthias Schirren und Sylvia Claus (Hg.), *Julius Posener, Ein Leben in Briefen. Ausgewählte Korrespondenz 1929–1990*, Basel/Berlin/Boston 1999, S. 64f.

4 Brief von Le Corbusier an Julius Posener, 23. Oktober 1937, Fondation Le Corbusier. Der Brief wurde erstmals veröffentlicht und ins Hebräische übersetzt in Avi Mayer, *Sam Barkai. The Architect of Right Dimensions* [auf Hebräisch], Tel Aviv 2015, S. 176f.

5 Letter from Le Corbusier to Julius Posener, 21 October 1937, Fondation Le Corbusier. The letter was first published and translated into Hebrew in Avi Mayer, *Sam Barkai: The Architect of Right Dimensions* [in Hebrew], Tel Aviv, 2015, pp. 176–177.

6 Eric Mendelsohn, "Twenty Years of Building: An Exposition and a Publication", *Palestine Post,* 29 December 1940, p. 5. Quoted in Ita Heinze-Greenberg, "This Once Gold-Diggingly Created City" (see note 4).

7 Paul Bonatz (who hoped to replace Mies as artistic director of Weissenhof. Quoted in Richard Pommer, "The Flat Roof: A Modernist Controversy in Germany", *Art Journal,* vol. 43/2, 1983, p. 165.

8 "Many architects are talking about the Oriental body of their houses, but they are not explaining how exactly to create such an Oriental body without imitating the plan of the Arab house ... Our wide-open houses with their sharp angles stand under our sky as if they were cut out of white cardboard ... Undoubtedly, we'll be right to familiarise ourselves with the way people used to build and dwell in this country before us." Julius Posener, "One-Family Houses in Palestine", *Habinyan, A Magazine of Architecture and Town Planning,* no. 2, November 1937, p. 3.

9 Julius Posener, "Traditionelles und modernes Bauen in Palästina", *Das Werk,* no. 25, September 1938, pp. 257–271. English translation by Jan Caspers.

10 The allegorical figure of Cain represents the eternal fugitive and wanderer (Heb. *Na vanad)* who was cursed from the earth, banned from farming and therefore doomed to become a city builder.

11 Paul Schultze-Naumburg argued that the modernist house is in effect a "stationary sleeping car" (referring to Le Corbusier's *machine-à-habiter),* which could be moved according to the whims of the "nomads of the metropolis, who have long lost the idea of the native land, and are not at all acquainted with the idea of the parental, let alone the ancestral, home." These people offer models "which no longer keep us under German skies and on German soil, but displace us to the edge of the desert or into an oriental setting". Quoted in Richard Pommer, "The Flat Roof: A Modernist Controversy in Germany" (see note 7).

5 Eric Mendelsohn, „Twenty Years of Building. An Exposition and a Publication", in: *Palestine Post,* 29. Dezember 1940, S. 5; zitiert nach: Ita Heinze-Greenberg, „‚… this once gold-diggingly created city'. Eric Mendelsohn and Tel Aviv", in: *Docomomo Journal* 40, 03/2009, S. 96.

6 Paul Bonatz (der hoffte, Mies von der Rohe als künstlerischen Leiter der Weissenhofsiedlung abzulösen), zitiert nach: Richard Pommer, „The Flat Roof. A Modernist Controversy in Germany", in: *Art Journal* 43, 02/1983, S. 165.

7 „Viele Architekten sprechen vom orientalischen Körper ihrer Häuser, erklären aber nicht, wie genau man einen solchen orientalischen Körper schaffen kann, ohne den Grundriss des arabischen Hauses nachzuahmen [...] Unsere weit offenen Häuser mit ihren spitzen Winkeln stehen unter unserem Himmel, als wären sie aus weißem Karton ausgeschnitten [...]
Wir tun zweifellos gut daran, uns mit der Art und Weise vertraut zu machen, wie die Menschen in diesem Land vor uns gebaut und gewohnt haben." Julius Posener, „One-Family Houses in Palestine", in: *Habinyan. A Magazine of Architecture and Town Planning* 2, 11/1937, S. 3.

8 Julius Posener, „Traditionelles und modernes Bauen in Palästina", in: *Das Werk* 25, 09/1938, S. 257–271, hier S. 263.

9 Die allegorische Figur des Kain stellt den ewigen Flüchtenden und Wanderer (hebräisch: Na vanad) dar, der von der Erde verflucht, vom Ackerboden vertrieben und damit zum Städtebauer verdammt war.

10 Nach Ansicht von Paul Schultze-Naumburg waren modernistische Häuser in Wirklichkeit „stationäre Schlafwagen" (mit Verweis auf Le Corbusiers „machine-à-habiter"), die man überall hinschieben kann, je nach den Launen der „Nomaden der Großstadt [...], die den Begriff der Heimat längst verloren haben und den Begriff des Elternhauses oder gar des Stammhauses gar nicht kennen". Diese Menschen stellten Vorbilder auf, „die uns nicht mehr unter deutschem Himmel und auf deutschem Boden belassen, sondern bei deren Anblick wir uns an den Rand der Wüste oder in eine orientalische Gegen hinwegversetzt fühlen". In: Paul Schultze-Naumburg, *Kulturarbeiten, Bd. 4: Das Gesicht des deutschen Hauses,* München 1929, S. 9.

THE BAUHAUS AND ITS BOOKS

Visual identity and media strategies

Hans Ibelings

DIE BÜCHER DES BAUHAUSES

Visuelle Identität und Medienstrategien

Hans Ibelings

Ever since the Bauhaus, publicity has been an integral part of art and architecture school. This can take many forms, from analogue events such as lectures and exhibitions to a ubiquitous social media presence. But between all these, books and magazines are mainstays. The Bauhaus was certainly not the first art and architecture school to bring out its own publications. The Architectural Association School of Architecture (AA) in London, for instance, started publishing long before the Bauhaus even existed. Its first annual *Brown Book* came out in 1859, and its first monthly *AA Notes* in 1887. In France, Jean-Nicolas-Louis Durand and Julien Guadet published their architecture courses as professors at French Écoles, but this was never part of a deliberate branding strategy like that so cleverly applied by the Bauhaus.

A STANDARD FOR BRANDING

More than any other school, the Bauhaus defined the standard for a branding strategy that continues to resonate and implicitly remains a benchmark for how schools can position themselves. In its short-lived existence, the Bauhaus branded itself in many ways: through its name, its building, its name on the building, the typography of the name on the building, its pedagogy, the art and design work of its teachers and students, its exhibitions and lectures. But nothing beats the school's print publications: the *Bauhausbücher* (Bauhaus Books) series[1] and the journal *bauhaus. zeitschrift für bau und gestaltung* (journal for building and design) – its title all in lower case letters. Later, the journal's subtitle was changed to *zeitschrift für gestaltung* (journal for design).[2]

In 1925, a year before the completion of the new Bauhaus building in Dessau, the Munich-based publishing house Albert Langen issued the first of the *Bauhausbücher,* produced under the editorial direction of Walter Gropius and László Moholy-Nagy, who was also responsible for their graphic design. These first books were compiled in the summer of 1924 – shortly before the school closed its doors in Weimar – but technical complications delayed their publication. Fourteen *Bauhausbücher* were released between 1925 and 1929, all in German, the first one being Gropius's *Internationale Architektur* (International Architecture), the final one Moholy-Nagy's *Von Material zu Architektur* (From Material to Architecture). Each of them also edited another book in the series: Gropius's *Bauhausneubauten in Dessau* (New Bauhaus Buildings in Dessau), and Moholy-Nagy's *Malerei, Fotografie, Film* (Painting, Photography, Film). The latter was arguably the most spectacular, and in many ways, the most radical book of the series, bringing together Kasimir Malevich, Paul Klee, Wassily Kandinsky, Albert Gleizes, Piet Mondriaan, Theo van Doesburg and J.J.P. Oud. During the four years of publications, at least another two dozen books were announced, but did not materialize.

MAGAZINE COMMUNICATION

In 1926, Gropius and Moholy-Nagy also created the *bauhaus* journal, which they edited until mid-1928. The first issue, which consisted of a six-page booklet in the recently codified

Seit dem Bauhaus machen Kunst- und Architekturschulen Öffentlichkeitsarbeit, sei es in Form von Vorträgen und Ausstellungen oder mithilfe der omnipräsenten Social Media. Neben vielen anderen Aktivitäten sind Bücher und Magazine der Grundpfeiler dafür. Das Bauhaus war nicht die erste Schule, die ihre eigenen Publikationen herausgab. Die Architectural Association School of Architecture (AA) in London beispielsweise publizierte schon lange vor Gründung des Bauhauses ihre ersten Titel. Ihr erstes *Brown Book* erschien 1859, die ersten monatlichen *AA Notes* 1887. Auch die Professoren der französischen Écoles publizierten ihre Kurse. Doch sie waren nicht Teil einer bewussten Markenstrategie, wie sie das Bauhaus geschickt verfolgte.

STANDARDS FÜR EINE MARKE

Mehr als jede andere Schule hat das Bauhaus den Standard für ein Branding definiert, das bis heute Nachfolger findet und indirekt noch immer ein Bezugspunkt für die Positionierung von Hochschulen ist. Während seiner kurzen Lebensdauer hat sich das Bauhaus auf vielerlei Weise vermarktet: mit seinem Namen, seinem Gebäude, seinem Namen am Gebäude, der Typografie des Namens am Gebäude, seiner Pädagogik, den künstlerischen und gestalterischen Arbeiten seiner Lehrenden und Studierenden sowie durch Ausstellungen und Vorträge. Unübertroffen sind jedoch die Publikationen der Schule: die Reihe der *Bauhausbücher*[1] und die Zeitschrift *bauhaus. zeitschrift für bau und gestaltung* (die später den Untertitel *zeitschrift für gestaltung* erhielt).[2]
Ein Jahr vor Eröffnung des Bauhaus-Gebäudes in Dessau erschienen 1925 im Münchner Verlag Albert Langen die ersten Bände der Bauhaus-Bücher. Herausgeber waren Walter Gropius und László Moholy-Nagy, der auch die grafische Gestaltung übernahm. Die ersten Bände wurden im Sommer 1924, kurz vor der Schließung der Schule in Weimar zusammengestellt, doch der Erscheinungstermin verzögerte sich aufgrund technischer Probleme. Zwischen 1925 und 1929 erschienen insgesamt 14 Bände. Der erste trug den Titel *Internationale Architektur,* verfasst von Walter Gropius, und der letzte Band der Reihe war Moholy-Nagys *Von Material zu Architektur.* Dazwischen veröffentlichten sowohl Gropius als auch Moholy-Nagy noch weitere Bände in der Reihe. Gropius schrieb über die *Bauhausbauten Dessau,* Moholy-Nagy über *Malerei, Fotografie, Film.* Letzteres war das spektakulärste und in vielerlei Hinsicht radikalste Buch der Reihe, das Kasimir Malewitsch, Paul Klee, Wassily Kandinsky, Albert Gleizes, Piet Mondrian, Theo van Doesburg und J. J. P. Oud zusammenbrachte. Während des vierjährigen Erscheinens der Reihe wurden mindestens zwei Dutzend weitere Bände angekündigt, die nie erschienen.

KOMMUNIKATION ÜBER ZEITSCHRIFTEN

1926 gründeten Gropius und Moholy-Nagy außerdem die Zeitschrift *bauhaus,* die sie bis Mitte 1928 herausgaben. Ihre erste Nummer, insgesamt sechs A4-Seiten in dem erst wenige Jahre zuvor eingeführten DIN-Format, fiel mit der offiziellen Eröffnung des Bauhauses in Dessau zusammen. Das redaktionelle Format änderte sich 1927, als die Zeitschrift zu einem gehefteten A4-Blatt wurde, das in der Regel 32 Seiten plus vier Titelseiten umfasste. Gropius und Moholy-Nagy übergaben die redaktionelle Leitung der Zeitschrift an Hannes Meyer und Ernst Kállai, die ab der

Cover of the bauhaus-magazine (1/1928).

Cover der *bauhaus*-Zeitschrift (1/1928).

DIN A4 format, coincided with the official opening of the Bauhaus in Dessau; the editorial format changed in 1927 when it became an A4-sized stapled magazine, usually with 32 pages plus four cover pages. Gropius and Moholy-Nagy passed on its editorial direction to Hannes Meyer and Ernst Kállai, who were responsible from the latter part of 1928 onward. Their last issue came out in October 1929, around the time of the Wall Street Crash, which had a deep impact on the German economy. In 1931, the journal reappeared with three final issues in a frugal form – one with four pages, and the other two with eight pages – edited by Ludwig Hilberseimer, Josef Albers and Wassily Kandinsky, respectively.

MISSIONARY IDEALISM

The *bauhaus zeitschrift für gestaltung* and the *Bauhausbücher* reflect the spirit of Bauhaus – its subject matter, graphic design and combination of missionary idealism with the uncompromising pragmatism of functionalism. The books and journal were often self-referential, speaking of nothing but the Bauhaus, its pedagogy and the work of its teachers and its students. Perhaps the most self-referential of all is the cover of the first *bauhaus* magazine issue from 1928, which was the last produced under the direction of Gropius and Moholy-Nagy. It was designed by Herbert Bayer, who also developed the typeface used for the letters spelling out the Bauhaus name on the building. The front cover is a photo composition, with the folded cover of the second issue of 1927 under a pencil, a set square (triangle), and four white volumes casting their shadow – a cone, a sphere, a cube and a rectangular prism. There is no title on the actual cover, but the *bauhaus* title from the photographed cover is legible under the transparent set square. The cube and sphere conceal the issue number and year of the old cover; the new cover omits this information in daring neglect of one of the basic rules of magazine making. While the front cover depicting a previous cover is a striking example of self-referentiality, so is the back cover. This is the first issue that contains advertisements and the back cover is a diagrammatic explanation of possible sizes and ad fees. The text in this diagram, which advertises the options to advertise in *bauhaus,* mentions that the graphic design of ads must be approved by the editors to ensure that they are not misplaced in the magazine.
Gropius and Moholy-Nagy's concern for visual identity is understandable – because despite all functionalist overtones, the branding of the Bauhaus relied as much on appearances as content; as much on its building as what was happening inside of it.

MEDIA IDENTITY

Consistent identity across all media is an idée reçue for art and architecture schools today, and even if there is not always a conscious and direct link with the Bauhaus, it can be considered the original source and avant-garde of contemporary branding strategies. Particularly for schools that are recent arrivals and trying to carve out their own niche, a visual identity is a requisite. Even recent schools with a completely different teaching approach and world view, such as the Institute for Architecture and Urban Studies in New

Nummer 2–3/1928 verantwortlich zeichneten. Die letzte Ausgabe erschien im Oktober 1929 um die Zeit des New Yorker Börsenkrachs, der tiefgreifende Folgen für die deutsche Wirtschaft hatte. Die nächste Nummer folgte erst 1931, nun in reduzierter Form mit drei statt vier Ausgaben, zweimal acht Seiten und jeweils unterschiedlichen Herausgebern: Ludwig Hilberseimer, Josef Albers und Wassily Kandinsky.

MISSIONARISCHER IDEALISMUS

Die Zeitschrift und die Bücher spiegeln den Geist des Bauhauses wieder, sie zeigen seine Themen, seine grafische Gestaltung und die Verbindung von missionarischem Idealismus mit der kompromisslosen Pragmatik des Funktionalismus. Bücher wie Zeitschrift waren oft selbstreferenziell und berichteten von nichts anderem als dem Bauhaus, seiner Pädagogik und den Arbeiten seiner Lehrenden und Studierenden. Der am meisten autoreferenzielle Titel von allen ist vielleicht der der Ausgabe 1/1928, die letzte unter der Leitung von Gropius und Moholy-Nagy. Die Grafik stammt von Herbert Bayer, der auch die Typografie des Schriftzugs am Bauhaus-Gebäude entwickelt hatte. Die Titelseite zeigt eine Komposition aus der Titelseite der Ausgabe 2/1927 mit einem Bleistift, einem Geodreieck und vier weißen Körpern – einem Kegel, einer Kugel, einem Würfel und einem Quader –, die ihre Schatten auf das Blatt werfen. Auf dem eigentlichen Cover fehlt zwar der Titelschriftzug der Zeitschrift, doch ist das Wort „bauhaus" unter dem durchsichtigen Geodreieck des fotografierten Titelblatts noch zu lesen. Der Würfel und die Kugel verdecken das Jahr und die Ausgabe des alten Covers; auf dem neuen erscheinen sie nicht – ein gewagter Verstoß gegen eine der Grundregeln der Zeitschriftengestaltung. Wenn die Titelseite, die eine frühere Titelseite zeigt, ein eindrucksvolles Beispiel für Selbstreferenzialität ist, dann ist die Rückseite es ebenso. Die Nummer 1/1928 ist die erste Ausgabe, die Anzeigen enthält, und die Schaubilder auf der Rückseite erläutern die möglichen Größen und Preise der Inserate. Wie es in dem Begleittext heißt, sei die grafische Gestaltung der Inserate den Herausgebern vorbehalten, um ein einheitliches Erscheinungsbild zu wahren. Gropius' und Moholy-Nagys Sorge um die visuelle Identität ist verständlich, denn trotz aller funktionalistischen Beiklänge beruhte das Branding des Bauhauses ebenso sehr auf dem Erscheinungsbild wie auf dem Inhalt, ebenso sehr auf dem Gebäude wie auf dem Geschehen im Inneren.

MEDIENIDENTITÄT

Der stimmige Auftritt in allen Medien ist an Kunst- und Architekturschulen heute ein Gemeinplatz, und selbst wenn es vielleicht nicht immer einen bewussten und direkten Bezug zum Bauhaus gibt, ist das Bauhaus die ursprüngliche Quelle und der Vorreiter aktueller Branding-Strategien. Vor allem für neu gegründete Schulen, die eine Marktnische besetzen wollen, ist eine visuelle Identität unerlässlich. Auch neuere Schulen mit einer völlig anderen Pädagogik und Weltanschauung, wie das von 1967 bis 1985 existierende Institute for Architecture and Urban Studies (IAUS) in New York oder das inzwischen zehn Jahre alte Strelka-Institut in Moskau, treten in dieser Hinsicht in die Fußstapfen des Bauhauses. Die beiden Zeitschriften des IAUS, *Oppositions* und *Skyline,* sowie die Buchreihe, in der unter anderem die englische

York (IAUS), which existed from 1967 to 1985, or the now ten-year-old Strelka Institute in Moscow, follow in this respect in the footsteps of the Bauhaus. IAUS's two magazines, *Oppositions* and *Skyline* as well as its book series, including the English translation of Aldo Rossi's *L'architettura della città,* had a template not unlike *bauhaus* and the *Bauhausbücher*. Just like the Bauhaus publications, the publications of IAUS had a distinctive graphic identity, thanks to Massimo Vignelli, who was responsible for the art direction starting in 1973. As Kim Förster related in 2010: "From its earliest days – when it was affiliated with the Museum of Modern Art and supported by Cornell University – the Institute was aware of the need for a coherent and recognizable graphic identity and for a public relations strategy." [3]

According to Förster, the "graphic identity that Vignelli created influenced how the Institute presented itself and how it was perceived." [4] Similarly, the Strelka Institute is a recent example of an institution that presents its publication programme front and centre on the home page of their website. A sign of the time, the books are e-books and printed on demand, just as the school's magazine is digital only, and part of the Strelka website. In this respect, Strelka is totally in tune with the time.

Responsible for their graphic design is OK-RM, the office of Oliver Knight & Rory McGrath, who developed, in their own words, a "comprehensive brand identity and creative direction for the pioneering institute." [5] Part of this endeavour is their book design for Strelka Press, which they describe as "a radical publishing house for original writing on architecture, design and the city" offering "a new platform for long-form writing in the shape of short e-books that give readers instant access at affordable prices. The mission is to support critical writing but also to be a disruptive force in publishing itself, pioneering digital formats and a fairer publishing model for authors." [6]

Using the latest technologies, combined with a wish to make its products accessible to a large audience, and its iconoclastic ambition to get rid of the old order – it is hard not to interpret this as an echo of the Bauhaus ethos, and an indication that the German school's novelty has not yet worn off.

1 Some of the *Bauhausbücher* were published in 2019 as an English facsimile edition by Lars Müller Publishers, Zurich.

2 See the facsimile reprint *bauhaus journal* 1926–1931, Zurich, 2019.

3 Kim Förster, "Massimo Vignelli: Oppositions, Skyline and the Institute", *Places Journal,* September 2010.

4 Ibid.

5 ok-rm.co.uk/project/strelka-institute (accessed 20 Dec 2018).

6 ok-rm.co.uk/project/strelka-press-publication (accessed 20 Dec 2018).

Übersetzung von Aldo Rossis *L'architettura della città* erschien, orientierten sich an einer Vorlage, die der Bauhaus-Zeitschrift und seinen Büchern ähnelte. Wie die Bauhaus-Publikationen hatten auch die Publikationen des IAUS dank ihres seit 1973 agierenden Artdirectors Massimo Vignelli eine unverwechselbare grafische Identität. So berichtete Kim Förster 2010: „Von Anbeginn an – seit der Angliederung an das Museum of Modern Art und der Unterstützung durch die Cornell University – war sich das Institut der Notwendigkeit einer einheitlichen und erkennbaren grafischen Identität und PR-Strategie bewusst." [3] Die von Vignelli geschaffene grafische Identität beeinflusste laut Förster sowohl „die Selbstdarstellung als auch die Fremdwahrnehmung des Instituts". [4]

Das Strelka-Institut ist ein weiteres aktuelles Beispiel für eine Institution, die ihr Publikationsprogramm an zentraler Stelle auf ihrer Webseite präsentiert. Als Zeichen der Zeit sind die Bücher E-Books und können bei Bedarf ausgedruckt werden, so wie auch die Zeitschrift der Schule nur in digitaler Form vorliegt und Teil der Strelka-Webseite ist. In dieser Hinsicht ist das Institut auf dem neuesten Stand. Verantwortlich für das Grafikdesign ist OK-RM, das Büro von Oliver Knight und Rory McGrath, das nach eigenen Aussagen eine „umfassende Markenidentität und eine kreative Ausrichtung für das wegweisende Institut" entwickelt hat. [5] Hierzu zählt auch die Buchgestaltung für die Strelka Press, die das Büro als „einen radikalen Verlag für originelle Texte über Architektur, Design und die Stadt" beschreibt, „eine neue Plattform für längere Texte in Gestalt von kurzen E-Books, die Lesern sofortigen Zugriff zu erschwinglichen Preisen ermöglichen. Ziel ist es, kritische Texte zu fördern und als disruptive Kraft im Verlagswesen zu wirken, die den Weg für digitale Formate und für ein faireres Publikationsmodell für Autoren bereitet". [6]

Angesichts des Wunsches, seine Produkte mithilfe der neuesten Technologien einem breiten Publikum zur Verfügung zu stellen, und angesichts des ikonoklastischen Bestrebens, die alte Ordnung hinter sich zu lassen, kann man kaum umhin, dies nicht als Echo des Bauhaus-Ethos zu interpretieren – und als Indiz dafür, dass die Neuartigkeit der deutschen Avantgarde-Schule noch nicht erschöpft ist.

1 Einige Bände der Bauhausbücher wurden kürzlich als englische Faksimileausgaben von Lars Müller Publishers herausgegeben, Zürich 2019.

2 Siehe die Faksimile-Ausgabe *bauhaus zeitschrift 1926–1931,* hg. von Lars Müller in Zusammenarbeit mit Bauhaus-Archiv/Museum für Gestaltung, Berlin, Zürich 2019.

3 Kim Förster, „Massimo Vignelli. Oppositions, Skyline and the Institute", in: *Places Journal,* September 2010.

4 Ebd.

5 ok-rm.co.uk/project/strelka-institut (Stand 20.12.2018).

6 ok-rm.co.uk/project/strelka-press-publication (Stand 20.12.2018).

MASTERS AND WEAVERS

On the role of women in the laboratory of modernism

Sandra Hofmeister

MEISTER UND WEBERINNEN

Zur Rolle der Frauen in der Werkstatt der Moderne

Sandra Hofmeister

In this Bauhaus centenary, one often gets the impression that this laboratory of modernism was a trailblazer for pretty much everything. Its combination of industry, art and craft, its teaching methods, publications, the notion of the Gesamtkunstwerk... And last but not least, a holistic understanding of aesthetics, which many architects still value today as their personal guiding principle. Despite its short lifespan of less than 15 years, the Bauhaus remains a source of inspiration for countless current trends today. *The Bauhaus #itsalldesign* was the title of an exhibition on this at Vitra Design Museum in 2015.[1]
"From the city to the pen, everything that surrounds us is Bauhaus," writes Patrick Schumacher of Zaha Hadid Architects in *My Bauhaus. Mein Bauhaus.*[2] Yet despite all the praise, a counter-question might be justified: What is not Bauhaus these days? In other words: What should we do better than the Bauhaus? Where should we take distance from it?

GENDER ROLE REFORM

On 19 January 1919, women were permitted for the first time to vote in the election of the German National Assembly. A few months later, the Bauhaus founding director, Walter Gropius, noted in a speech at its opening in Weimar: "No difference between the beautiful and the strong sex. Absolute equality, but also absolutely equal duties."[3] The new human being who was to be formed at the Bauhaus could also be female – at the time, this was by no means a matter of course.[4] For the 1919 summer semester, 79 men and 84 women were admitted to the art school. At first glance, this might be considered a success, and apparently linked to the institution's idea of reform. Black-and-white photos of the time depict female Bauhaus students as self-confident design pioneers with cropped hair and sometimes even wearing trousers.
But the image of this new type of woman that is often associated with the Bauhaus does not tell the whole story. Shortly after the school's founding, the entirely male council of masters felt overwhelmed by so many women. In September 1920, Gropius called for a "sharp segregation" from the "over-represented female sex".[5] The otherwise free workshop choice was extremely restricted for female students, who from then on were sent to the weaving mill to study. The male domains remained closed off to the "fair sex". Numerous workshop directors made it blatantly clear that women were undesired – be it in pottery, graphic printing, at the metal workshop or in mural painting. Oskar Schlemmer, who joined the Bauhaus in 1921, has been quoted as saying, "Where there is wool, there is also a woman who weaves, even if only to pass the time."[6]

WOMEN'S CAREERS AT THE BAUHAUS

When it came to the role of women, this elite modernist school was not revolutionary and future-oriented, but old-fashioned and rather backward-looking. "The strategy of stealthy obstruction was effective – the masters did not dare to proceed openly," notes Ursula Muscheler in her recent German-language book, *Mutter, Muse und Frau Bauhaus. Die Frauen um Walter Gropius* (Mother, Muse and Mrs. Bauhaus. The Women Around Walter

Zum Jubiläumsjahr des Bauhauses drängt sich der Eindruck auf, dass die Werkstatt der Moderne Wegbereiter für fast alles war, was heute in der Gestaltungswelt wertgeschätzt wird. Die Verbindung von Industrie, Kunst und Handwerk, die Unterrichtsmethoden, die Publikationen der Schule, die Idee des Gesamtkunstwerks – und nicht zuletzt natürlich ein umfassendes Verständnis von Ästhetik, das viele Architektinnen und Architekten 100 Jahre nach der Gründung des Bauhauses als ihr persönliches Leitbild schätzen. Trotz ihrer kurzen Lebensdauer von nur 14 Jahren ist die Reformschule Ideengeber für viele aktuelle Konzepte und Wünsche. *Das Bauhaus #allesistdesign* nannte das Vitra Design Museum 2015 eine Ausstellung.[1] „Von der Stadt bis zum Kugelschreiber ist alles, was uns umgibt, Bauhaus", resümiert Patrik Schumacher von Zaha Hadid Architects in *My Bauhaus/Mein Bauhaus.*[2] Angesichts der Fülle an aktuellen Referenzen auf ein historisches Phänomen mag jedoch auch die Gegenfrage berechtigt sein: Was ist heutzutage eigentlich nicht Bauhaus? Oder anders formuliert: Was müssen wir besser machen als am Bauhaus? Wo sollten wir uns klar von ihm distanzieren?

REFORM DER GESCHLECHTERROLLEN

Am 19. Januar 1919 wurden Frauen erstmals zur Wahl der deutschen Nationalversammlung zugelassen – ein historisches Ereignis. Nur wenige Monate später hielt Gründungsdirektor Walter Gropius in einer Ansprache zur Eröffnung des Bauhauses in Weimar fest: „Keine Unterschiede zwischen schönem und starkem Geschlecht. Absolute Gleichberechtigung, aber auch absolut gleiche Pflichten in der Arbeit aller Handwerker."[3] Der neue Mensch, der am Bauhaus geformt werden sollte, konnte also auch weiblich sein – damals an Kunstschulen durchaus keine Selbstverständlichkeit.[4] Zum ersten Semester im Sommer 1919 wurden 79 Männer und 84 Frauen zur Ausbildung am Staatlichen Bauhaus zugelassen. Auf den ersten Blick könnte dies als Erfolg gelten, der mit dem Reformgedanken der Institution geschuldet ist. Schwarz-Weiß-Fotos der Zeit zeigen die Studentinnen des Bauhauses als forsche Frauen mit kurzen Haaren; manchmal tragen die selbstbewussten Pionierinnen der Gestaltung sogar Hosen. Doch das Bild des neuen Frauentypus, der gerne mit dem Bauhaus verbunden und manchmal sogar als dessen Verdienst dargestellt wird, erzählt nicht die ganze Geschichte. Denn kurz nach Gründung der Schule war der rein männlich besetzte Meisterrat von so vielen Frauen schlicht überfordert. Im September 1920 forderte Gropius „eine scharfe Aussonderung" bei dem „der Zahl nach zu stark vertretenen weiblichen Geschlecht".[5] Die freie Werkstattwahl für Studentinnen, die fortan mehr Studiengebühren als ihre männlichen Kommilitonen zahlen mussten, wurde extrem eingeschränkt und Frauen zum Studium in die Weberei geschickt. Männerdomänen hingegen blieben dem „schönen Geschlecht" in der Regel versagt. Einige Werkstattleiter machten unverhohlen deutlich, dass Studentinnen unerwünscht seien – in der Töpferei, in der grafischen Druckerei, in der Metallwerkstatt oder bei der Wandmalerei. Von Oskar Schlemmer, der 1921 zum Bauhaus kam, ist das Zitat überliefert: „Wo Wolle ist, ist auch ein Weib, das webt, und sei es nur zum Zeitvertreib."[6]

FRAUENKARRIEREN AM BAUHAUS

Wenn es um die Rolle der Frauen ging, war die Kaderschmiede der Moderne nicht revolutio-

Women on the stairs of Bauhaus Dessau, pictured by Theodore Lux Feininger in 1927. In the front left is junior master Gunta Stölzl, who that year became sole director of the weaving workshop.

Frauen auf der Treppe des Bauhauses in Dessau, fotografiert von Theodore Lux Feininger 1927. Vorne links steht Gunta Stölzl, sie leitete die Weberei ab 1927 als Jungmeisterin.

Gropius).[7] As an institution, the Bauhaus did not support women as such, but rather tried to commit them to a role that corresponded to the prevailing conservative image of women and housewives held by the master craftsmen. So it is all the more astonishing that some of its female students nevertheless made a career for themselves, thanks to the support of individual masters. Among them are Gunta Stölz and Anni Albers, who, despite the circumstances, turned the weaving mill at the Bauhaus into one of the most successful workshops. Under Mies van der Rohe, Lilly Reich headed the workshop for interior design. Marianne Brandt studied with Lázló Moholy-Nagy and, after his departure, took over the management of the metal workshop. Both women also worked as architects: one in Walter Gropius's office, the other with Mies van der Rohe.

PIONEERS OF ARCHITECTURE

The dawn of modernism in Europe is rightly understood as the dawn of women who first conquered the field of architecture – from Charlotte Perriand to Margarethe Schütte-Lihotzky and Eileen Grey. At the Bauhaus, the pioneers were generally more tolerated than welcomed. 100 years after its foundation, it is time for an assessment that looks back on the Bauhaus from the present.

When the American architect Robert Venturi received the Pritzker Prize in 1991, his long-time partner in life and work – Denise Scott Brown, with whom he co-founded Venturi Scott Brown Associates in 1964 – was left out. "Room at the Top. Sexism and the Star System" is the title of a lecture by Denise Scott Brown from 1973, published as a book in 1989,[8] a sobering account of the institutional discrimination against women that she experienced during her career. To this day, women in architecture are often outsiders, and it is not self-evident that they will be taken as seriously as their male colleagues. Despite a petition, Denise Scott Brown was not retroactively awarded the Pritzker Prize alongside her husband. But the 87-year-old architect has never given up the fight for equality. In a recent interview, she offered a word of advice to young female architects and university graduates:

> Another thing is accepting that architecture trains you for many, many things and not necessarily in architecture. But if you can, try and do it on your own terms.

NOW WHAT?

These days, the architecture departments of most European universities have more female than male students. But there is no spirit of optimism to be felt. It remains difficult for women to establish themselves in the profession upon completing their studies and to gain recognition as architects. This applies not only to independent offices and to procurement and competition in general, but also to teaching staff at universities. Today, professorships in architecture faculties are still predominantly held by men. Compared to the situation at the Bauhaus, much has changed for the better with regard to women's

när und zukunftsorientiert, sondern unter der Oberfläche sogar altbacken und rückwärtsgewandt. „Die Strategie klammheimlicher Behinderung – offen vorzugehen trauten sich die Meister nicht – zeigte [...] Wirkung", hält Ursula Muscheler in *Mutter, Muse und Frau Bauhaus. Die Frauen um Walter Gropius* fest.[7] Als Institution hat das Bauhaus Frauen jedenfalls nicht gefördert, sondern sie auf ein Rollenbild reduziert, das dem konservativen Frauen- und Hausfrauenbild der Meister-Männer entsprach. Umso erstaunlicher ist es, dass einzelne Studentinnen dank der gezielten persönlichen Unterstützung weniger Lehrer trotzdem Karriere gemacht haben. Unter ihnen sind Gunta Stölzl und Anni Albers, sie haben die Weberei am Bauhaus den Umständen zum Trotz in eine der erfolgreichsten Werkstätten verwandelt. Lilly Reich leitete unter Ludwig Mies van der Rohe die Bau- und Ausbauabteilung, Marianne Brandt studierte bei László Moholy-Nagy und übernahm nach dessen Weggang die Leitung der Metallwerkstatt. Beide Frauen arbeiteten später als Architektinnen, Brandt im Büro von Walter Gropius, Reich bei Mies van der Rohe.

PIONIERINNEN DER ARCHITEKTUR

Die Bewegung der Moderne in Europa wird zu Recht auch als ein Aufbruch der Frauen verstanden, die das Berufsfeld der Architektur erstmals eroberten – von Charlotte Perriand bis zu Margarethe Schütte-Lihotzky oder Eileen Grey. Allerdings waren Pionierinnen am Bauhaus insgesamt eher gnädig geduldet als willkommen – und erst recht nicht gefördert oder gefeiert. 100 Jahre nach der Gründung des Bauhauses wird es deshalb auch Zeit für eine Bilanz der gegenwärtigen Situation. Was hat sich verändert auf institutioneller Ebene? Als der amerikanische Architekt Robert Venturi 1991 den Pritzker-Preis erhielt, blieb seine langjährige Lebensgefährtin Denise Scott Brown, mit der er 1964 das gemeinsame Büro Venturi Scott Brown Associates gegründet hatte, außen vor. „Room at the Top. Sexism and the Star System", so der Titel eines Vortrags von Denise Scott Brown, den sie 1973 hielt und 1989 als Essay veröffentlichte:[8] eine ernüchternde Bilanz zu den frauenverachtenden Strukturen in ihrem Berufsfeld und alltäglichen Leben als Architektin. Ihre entlarvende Anklageschrift beginnt Scott Brown mit der Feststellung: „Viele Frauen können aus ihrem Berufsfeld Horrorgeschichten über die Diskriminierung aufzählen, an der sie im Lauf ihrer Karriere gelitten haben." Trotz einer Petition im Jahr 2013 wurde Denise Scott Brown der Pritzker-Preis auch im Nachhinein nicht neben ihrem Mann zuerkannt. Trotzdem hat Denise Scott Brown auch heute noch nicht aufgegeben. In einem unveröffentlichten Gespräch im Dezember 2018 anlässlich der Ausstellung *Downtown Denise Scott Brown* im Architekturzentrum Wien empfiehlt die heute 87-jährige Architektin jungen Kolleginnen und Hochschulabsolventinnen:

> Wir müssen akzeptieren, dass der Beruf viele Erfahrungen mit sich bringt, auch solche, die nichts mit Architektur zu tun haben. Falls möglich, sollten wir immer versuchen, die Bedingungen selbst festzulegen.

UND JETZT?

An den Architekturfakultäten vieler Hochschulen sind derzeit mehr Studentinnen als Studenten immatrikuliert – ähnlich wie bei

rights, but the breakthrough has by no means been achieved. As in the past, the majority of university professors are male. But at least there are more women among the students. Universities, publishing houses, institutions, juries, building owners and personnel departments: all of them must ask critical and self-critical questions and take on the challenge of gender equality. It is for good reason that, for many, Denise Scott Brown is a star. But women are not yet equal in architecture. So let's keep pushing forward.

1 The exhibition was shown in Weil am Rhein, Bonn, Tel Aviv and Brussels. The catalogue was edited by Mateo Kries and Jolanthe Kugler.

2 Sandra Hofmeister, ed., *My Bauhaus. Mein Bauhaus. 100 Architects on the 100th Anniversary of a Myth. 100 Architekten zum 100. Geburtstag eines Mythos,* Munich, 2018, p. 208.

3 Quoted in Ulrike Müller, *Bauhaus-Frauen. Meisterinnen in Kunst, Handwerk und Design,* Munich, 2009, p. 16.

4 At the time, only a few art schools in Europe admitted female students. This included the Grossherzoglich-Sächsische Kunstgewerbeschule in Weimar – a predecessor institution of the Bauhaus – under director Henry van de Velde.

5 Walter Gropius, letter from 2 September 1920, quoted in Ulrike Müller, *Bauhaus-Frauen. Meisterinnen in Kunst, Handwerk und Design,* Munich, 2009, p. 89.

6 Ursula Muscheler, *Mutter, Muse und Frau Bauhaus. Die Frauen um Walter Gropius,* Berlin, 2018, p. 97.

7 Ibid.

8 Denise Scott Brown, "Room at the Top? Sexism and the Star System in Architecture", in Ellen Perry Berkley and Matilda McQuaid, eds., *Architecture: A Place for Women* (Washington DC, 1989), pp. 237–246. Reprinted as "Sexism and the Star System in Architecture", in Denise Scott Brown, *Having Words,* London, 2009, pp. 79–89.

der Gründung des Bauhauses. Aufbruchsstimmung herrscht trotzdem nicht. Es bleibt weiterhin schwer für Frauen, sich im Berufsfeld der Architektur zu etablieren und anerkannt zu werden. Dies betrifft nicht nur freie Büros sowie generell die Auftragsvergabe und das Wettbewerbswesen, sondern auch das Lehrpersonal an Hochschulen: Professorenstellen an Architekturfakultäten sind heute nach wie vor überwiegend männlich besetzt. Im Vergleich zur Situation am Bauhaus hat sich zwar viel getan, was die Rechte von Frauen betrifft, der Durchbruch jedoch ist keineswegs erreicht. Wie damals ist der Großteil der „Meister" an den Hochschulen männlich. Unter den Studierenden sind – immerhin – mehr Frauen. Universitäten, Verlage, Institutionen und Jurys, Bauherren und Personalabteilungen – sie alle müssen sich mehr kritische und selbstkritische Fragen stellen und die Geschlechterverteilung als Herausforderung begreifen. Zu Recht mag Denise Scott Brown heute für einige als Star gelten. Doch Frauen in der Architektur sind noch lange nicht gleichberechtigt. Bleiben wir also dran!

1 Die Ausstellung wanderte im Anschluss an ihre erste Station in Weil am Rhein nach Bonn, Tel Aviv und Brüssel. Der gleichnamige Katalog ist von Mateo Kries und Jolanthe Kugler herausgegeben.

2 Sandra Hofmeister (Hg.), *Mein Bauhaus. 100 Architekten zum 100. Geburtstag eines Mythos/My Bauhaus. 100 Architects on the Anniversary of a Myth,* München 2018, Seite 208.

3 Zitiert nach: Ulrike Müller, *Bauhaus-Frauen. Meisterinnen in Kunst, Handwerk und Design,* unter Mitarbeit von Ingrid Radewaldt, 2. Aufl., Berlin 2014, S. 16.

4 Frauen waren an nur wenigen Kunstschulen in Europa zum Studium zugelassen. Die Großherzoglich-Sächsischen Kunstgewerbeschule in Weimar unter der Leitung von Henry van de Velde, eine Vorgängerinstitution des Bauhauses, nahm jedoch durchaus Studentinnen auf.

5 Vgl. Ulrike Müller, *Bauhaus-Frauen. Meisterinnen in Kunst, Handwerk und Design,* München 2009, S. 89, Brief vom 2. September 1920.

6 Ursula Muscheler, *Mutter, Muse und Frau Bauhaus. Die Frauen um Walter Gropius,* Berlin 2018, S. 97.

7 Ebd.

8 Denise Scott Brown, „Room at the Top? Sexism and the Star System in Architecture", in: Ellen Perry Berkeley (Hg.), *Architecture: A Place for Women,* Washington, D.C. 1989, S. 237–246; Reprint: „Sexism and the Star System in Architecture", in: *Having Words,* London 2009, S. 79–89.

“VERY FINE PEOPLE ON BOTH SIDES”?

On the Bauhaus anniversary in the mirror of contemporary architecture and architectural historiography in Germany

Stephan Trüby

„VERY FINE PEOPLE ON BOTH SIDES“?

Zum Bauhaus-Jubiläum im Spiegel zeitgenössischer Architektur und Architekturgeschichtsschreibung in Deutschland

Stephan Trüby

Decades of debates on the pros and cons of a project of modernity were firmly disrupted by the Bauhaus anniversary year in 2019, which went on to produce two international scandals: the controversy over a cancelled punk concert at the Bauhaus Dessau due to right-wing political pressure; and the shock about the new Bauhaus Museum in Weimar, which clearly takes its cue from an urban planning context formed in the Nazi era. Both – this thesis will be developed very briefly below – must be understood as arising from a societal climate that goes back about three decades now, in which legitimate criticism of the Bauhaus and modernism has resulted in a complete levelling of progressive and regressive architectural positions. The clearest sign of this development is a recent architecture-historiographic tendency to relativize the outstanding and, in most cases, politically progressive role of Neues Bauen in general and the Bauhaus in particular in favour of the constructed notion of a "gentle" or even "quiet" modernity. That a different approach is possible was shown by the *bauhaus imaginista* exhibition at Berlin's Haus der Kulturen der Welt in 2019, in which curators Marion von Osten and Grant Watson traced the "global circulation of the Bauhaus"[1] to focus on the "experimental, open-ended character of modernism, as well as its inherent cosmopolitanism."[2] Absorbing post-colonial perspectives, the accompanying catalogue addressed the unprecedented internationalization of a design and architecture school that was conceived to be thoroughly anti-nationalist:

> Students and teachers travelled from Croatia, Hungary, Japan, Palestine, Russia, Switzerland, the United States and elsewhere to Weimar and later Dessau and Berlin to become part of the school. Young people from all over the world were particularly drawn to the Bauhaus because of its cosmopolitan, avant-garde perspective and hands-on curriculum.[3]

This approach to art and design, according to von Osten and Watson, "frequently contained an implicit transcultural element, gleaned through exposure to non-western cultures, from books and museum collections and research travel, and through interation with foreign students and visiting lecturers."[4]
Over the past three decades, certain varieties of German-language architectural historiography have sought to challenge these facts by using a few Bauhaus "bad apples"[5] to vindicate a large number of Nazi opportunists and perpetrators. In retrospect, these attempts appear like a pseudo-intellectual form of a Trumpian "very fine people on both sides" type of speech. The relative beginning of this trend can be marked by the exhibition trilogy *Modern Architecture in Germany*[6] at the Deutsches Architekturmuseum (DAM) in Frankfurt – which was lambasted in particular by Franz Dröge and Michael Müller. In their essay "The Revision of Modernity. A Scandal" they argued that this trilogy represented the conservative building styles in Germany as victims unjustly punished by the year 1945 "because, simultaneously with the Nazi tyranny, its architectural embodiment was also discarded; and with it 'unfortunately also the traditional facilities' and their familiar images".[7]

In die nun seit Jahrzehnten geführten Debatten um das Für und Wider eines Projekts der Moderne platzte 2019 das Bauhaus-Jubiläumsjahr, das gleich zwei internationale Aufreger produzierte: den Streit um die auf rechten politischen Druck erzwungene Absage eines Punkkonzerts im Bauhaus Dessau; und das Erschrecken über die Architektur des neuen Bauhaus-Museums in Weimar, das sich dezidiert am nationalsozialistisch geprägten städtebaulichen Kontext orientiert. Beides – diese These sei im Folgenden in aller Kürze entfaltet – muss als Ausdruck eines seit nunmehr etwa drei Jahrzehnten anhaltenden gesellschaftlichen Klimas verstanden werden, in dem berechtigte Kritik an Bauhaus und Moderne in der völligen Gleichmacherei fortschrittlicher und rückwärtsgewandter Architekturpositionen endet. Als deutlichstes Signum dieser Entwicklung kann eine jüngere architekturhistoriografische Tendenz verstanden werden, die die herausragende und in den allermeisten Fällen auch politisch progressive Rolle des Neuen Bauens im Allgemeinen und des Bauhauses im Besonderen zugunsten des Konstrukts einer „sanften" oder gar „stillen" Moderne relativiert. Dass es auch anders geht, zeigte die Ausstellung *bauhaus imaginista* im Haus der Kulturen der Welt in Berlin 2019, bei der die Kuratoren Marion von Osten und Grant Watson der „globale(n) Ausstrahlung des Bauhaus"[1] nachgespürt haben, um den „experimentelle[n], hybride[n] Charakter der Moderne und die ihr innewohnende Weltoffenheit" in den Mittelpunkt zu rücken.[2] Im Durchgang durch postkoloniale Perspektiven thematisiert der Begleitkatalog die bis dato beispiellose Internationalisierung einer durch und durch anti-nationalistisch konzipierten Design- und Architekturschule:

> Studierende wie Lehrende kamen unter anderem aus Kroatien, Ungarn, Japan, Palästina, Russland, der Schweiz und den USA nach Weimar und später nach Dessau und Berlin, um Teil der Schule zu werden. Junge Menschen aus aller Welt fühlten sich vom Bauhaus, besonders aufgrund seiner kosmopolitischen und avantgardistischen Perspektive und seines praxisorientierten Lehrplans, angezogen.[3]

In diese Auffassung von Kunst und Gestaltung, so von Osten und Watson, „ging häufig auch ein implizites transkulturelles Element ein, das durch die Auseinandersetzung mit nicht-westlichen Kulturen in Büchern, Museumssammlungen und Forschungsreisen sowie durch die Zusammenarbeit mit ausländischen Studierenden und Gastdozenten gewonnen wurde".[4] Diese Fakten versuchten in den letzten drei Jahrzehnten bestimmte Spielarten deutschsprachiger Architekturhistoriografie ins Wanken zu bringen, die unter Instrumentalisierung einiger problematischer Bauhaus--Biografien[5] eine Vielzahl von NS-Opportunisten und -Mittätern aufwerteten. Im Rückblick muten diese Versuche als eine gebildet daherkommende Trump'sche „very fine people on both sides"-Rede an. Der relative Anfang dieser Tendenz kann mit der Ausstellungstrilogie im Frankfurter Deutschen Architekturmuseum markiert werden, die den Titel *Moderne Architektur in Deutschland* trug[6] – und insbesondere von Franz Dröge und Michael Müller scharf kritisiert wurde. In ihrem Aufsatz „Die Revision der Moderne. Ein Skandal" beklagen sie, dass mit dieser Trilogie eine Opfergeschichte erzählt würde, in der das konservative Bauen in Deutschland ungerechtfertigterweise vom Jahr 1945

Tweet about the Bauhaus Museum in Weimar by *Guardian* architectural critic Oliver Wainwright, 12 April 2019.

Tweet des *Guardian*-Architekturkritikers Oliver Wainwright zum Bauhaus-Museum in Weimar, 12.4.2019.

In particular, Dröge and Müller criticized Lampugnani for promoting a narrative with this series of exhibitions, according to which "the 'Nazi' stamp that persists to this day prevented us Germans – without defaming us as fascists – from living according to our 'tradition', in 'clearly geometrically designed' ground plans and 'uniformly and strictly structured facades'".[8] In 1992, the Munich-based architecture historian Winfried Nerdinger, in the same vein as Dröge and Müller, attacked Lampugnani for his *Reform and Tradition* exhibition, also part of the DAM trilogy, for "attempting to 'dignify' some of the Nazi representational architecture as 'gentle' or 'quiet modernity'". He also criticized architectural historians such as the former deputy director of the DAM, Wolfgang Voigt, who in 2003, with apologetic intent, together with Hartmut Frank, put on the exhibition *Paul Schmitthenner 1884–1972* and, with Roland May, the exhibition *Paul Bonatz 1877–1956;* Nerdinger concluded:

> If architectural historians side with old Nazis in this way, it is no wonder that the representation of German architectural history is corrupted.[9]

Against this background of a pseudo-scientifical rehabilitation of anti-modern Nazi opportunists and perpetrators, it is hardly surprising that the architecture of what is, in this respect, most important German project completed in the Bauhaus year – Heike Hanada's Bauhaus Museum in Weimar – takes its cue mainly from the first (and only built) Nazi *Gauforum*, which is located in the immediate vicinity. After all, it was Adolf Hitler himself who decided the Weimar *Gauforum* competition in favour of Hermann Giesler in June 1936 and made sure during the review stage that the so-called *Reichsstatthalter* and *Gauleiter* building was given a bell tower – which has now quite clearly inspired the new Bauhaus Museum's design: "Eerie similarities between Hitler's Gauforum tower and the adjacent new Bauhaus Museum in Weimar. One local said they even have the same number of horizontal strata", tweeted British *Guardian* architectural critic Oliver Wainwright on the inauguration of the building that has been panned by critics. Where does this desire come from to exhibit the history of the 20th century's most legendary German school foundation in a building that echoes with various elements of its architectural language exactly that urban context which represents the closure of this school by the Nazi regime? The certain naïvety apparent in the design of the new Bauhaus Museum in Weimar demonstrates a historical amnesia – or historical relativism – that was also noticeable in the stage ban for left-wing punk band Feine Sahne Fischfilet who were supposed to perform in an event series promoted by German TV broadcaster ZDF at the Bauhaus Dessau. The Bauhaus Dessau Foundation's excuse that the Bauhaus was a "deliberately apolitical institution" caused worldwide protest by architects and historians who stated in an open letter: "Prohibiting everything that might provoke right-wing extremists is a threat to our political culture."[10] Neo-Nazis then expressed their gratitude to the Bauhaus Dessau Foundation by saying "Thank you, Bauhaus! Left-wing terrorists must not be given a forum!" – producing an image that was completely inappropriate in the Bauhaus anniversary year.

bestraft wurde, „weil man mit der Nazi-Gewaltherrschaft gleichzeitig auch die Architektur, die sie dargestellt hatte, pauschal verwarf; und damit ‚leider auch die tradierte Gelegenheit' mitsamt ihren vertrauten Bildern".[7] Insbesondere kritisieren Dröge und Müller, dass Lampugnani mit dieser Ausstellungsreihe eine Erzählung beförderte, wonach „das bis heute nachwirkende ‚Nazi'-Verdikt uns Deutsche – ohne dass es uns gleich als Faschisten diffamiert – daran hindere, diesmal unser ‚Herkommen' in ‚klar geometrisch angelegten' Grundrissen und ‚einheitlich und streng gegliederten' Fassaden zu leben".[8] Auch der Münchner Architekturhistoriker Winfried Nerdinger schlägt in dieselbe Kerbe wie Dröge und Müller, wenn er 1992 mit seiner Kritik an der Ausstellung *Reform und Tradition,* die Teil der DAM-Trilogie war, Lampugnani vorwirft, dass er damit „ein[en] Teil der nazistischen Repräsentationsarchitektur als ‚sanfte' oder ‚leise Moderne' geradezu nobilitiert" habe. Ebenso geht er mit Architekturhistorikern wie dem ehemaligen Stellvertretenden Direktor des DAM, Wolfgang Voigt, ins Gericht, der 2003 in apologetischer Absicht gemeinsam mit Hartmut Frank die Ausstellung *Paul Schmitthenner 1884–1972* und mit Roland May die Ausstellung *Paul Bonatz 1877–1956* realisierte; Nerdinger kommt zu folgendem Schluss:

> Wenn Architekturhistoriker derartig Partei für alte Nazis ergreifen, dann ist es nicht verwunderlich, wenn die Darstellung der deutschen Architekturgeschichte korrumpiert wird.[9]

Es kann vor diesem Hintergrund einer sich wissenschaftlich gebenden Aufwertung von Moderne-feindlichen NS-Opportunisten und -Mittätern kaum verwundern, dass auch das wichtigste deutsche Prestigeprojekt, das im Bauhausjahr vollendet wurde – nämlich Heike Hanadas Bauhaus-Museum in Weimar –, sich mit seiner Architektur vor allem auf das in unmittelbarer Nachbarschaft gelegene erste (und einzig realisierte) nationalsozialistische Gauforum bezieht. Bekanntlich war es Adolf Hitler persönlich, der im Juni 1936 den Weimarer Gauforums-Wettbewerb zugunsten von Hermann Giesler entschied und in der Nachbearbeitungsphase dafür sorgte, dass dem sogenannten Gebäude des Reichsstatthalters und Gauleiters ein Glockenturm zugeordnet wurde – der nun ganz offenkundig die Gestaltung des neuen Bauhaus-Museums inspirierte: „Eerie similarities between Hitler's Gauforum tower and the adjacent new Bauhaus Museum in Weimar. One local said they even have the same number of horizontal strata", twitterte der britische *Guardian*-Architekturkritiker Oliver Wainwright zur Einweihung des Bauwerks, das von der Kritik verheerend aufgenommen wurde. Woher kommt diese Lust, die Geschichte der legendärsten deutschen Schulgründung des 20. Jahrhunderts ausgerechnet in einem Bauwerk auszustellen, das sich mit verschiedenen Elementen seiner Architektursprache eben jener andient, die die vom NS-Regime betriebene Schließung dieser Schule repräsentiert? Die gewisse Unbedarftheit, die sich in der Architektur des neuen Bauhaus-Museums in Weimar zeigt, kündet von einer Geschichtsvergessenheit – oder einem Geschichtsrelativismus –, der auch in der Debatte um das Auftrittsverbot für die linke Punkband Feine Sahne Fischfilet im Rahmen einer vom ZDF durchgeführten Veranstaltungsreihe im

1 Marion von Osten, Grant Watson, "bauhaus imaginista", in Marion von Osten, Grant Watson, eds., *bauhaus imaginista: A School in the World,* London, 2019, p. 13.

2 Ibd.

3 Ibd., p. 12.

4 Ibd.

5 This refers in particular to the Bauhaus graduate and Kandinsky pupil Fritz Ertl, who planned the construction of the Auschwitz-Birkenau camp.

6 This trilogy comprised *Moderne Architektur in Deutschland 1900 bis 1950: Reform und Tradition* (Vittorio Magnago Lampugnani and Romana Schneider, 1993), *Moderne Architektur in Deutschland 1900 bis 1950: Expressionismus und Neue Sachlichkeit* (Vittorio Magnao Lampugnani and Romana Schneider, 1994), *Moderne Architektur in Deutschland 1900 bis 2000: Macht und Monument* (Romana Schneider and Wilfried Wang, 1998).

7 Franz Dröge, Michael Müller, "Die Revision der Moderne. Ein Skandal", *ARCH+ 122: Von Berlin nach Neuteutonia,* June 1994, p. 73.

8 Ibid.

9 Winfried Nerdinger, "Hans Poelzig, Paul Bonatz, Paul Schmitthenner: Die allmähliche Aufwertung, Normalisierung und Rehabilitierung der Konservativen, Opportunisten und NS-Mittäter" (2011), reprinted in *ARCH+ 235: Rechte Räume. Bericht einer Europareise,* April 2019, p. 29.

10 change.org/p/herrn-rainer-robra-kulturminister-und-vorsitzender-des-stiftungsrates-der-stiftung-bauhaus-dessau-offener-brief-zum-auftrittsverbot-der-punk-band-feine-sahne-fischfilet-am-bauhaus-dessau (accsessed 9 August 2019).

Bauhaus Dessau zu vermelden war. Die Stiftung Bauhaus Dessau verteidigte sich daraufhin, das Bauhaus sei ein „bewusst unpolitischer Ort“ – was zu weltweiten Protesten von ArchitektInnen und HistorikerInnen führte, die in einem offenen Brief bekundeten: „Es wird untersagt, was Rechtsradikale provoziert. Ein solches Handeln gefährdet die politische Kultur.“[10] Neonazis bedankten sich daraufhin bei der Stiftung Bauhaus Dessau mit den Worten „Danke Bauhaus! Linksterroristen keine Bühne bieten!“ – es entstand ein Bild, das im Bauhaus-Jubiläumsjahr nicht hätte entstehen dürfen.

1 Marion von Osten, Grant Watson, „bauhaus imaginista“, in: Marion von Osten, Grant Watson (Hg.), *bauhaus imaginista. Die globale Rezeption bis heute,* Zürich 2019, S. 13.

2 Ebd., S. 12f.

3 Ebd., S. 12.

4 Ebd.

5 Hier ist vor allem der Bauhaus-Absolvent und Kandinsky-Schüler Fritz Ertl gemeint, der die bauliche Gestaltung des Lagers Auschwitz-Birkenau plante.

6 Die Trilogie bestand aus den Teilen *Moderne Architektur in Deutschland 1900 bis 1950: Reform und Tradition* (Vittorio Magnago Lampugnani und Romana Schneider, 1993), *Moderne Architektur in Deutschland 1900 bis 1950: Expressionismus und Neue Sachlichkeit* (Vittorio Magnao Lampugnani und Romana Schneider, 1994), *Moderne Architektur in Deutschland 1900 bis 2000: Macht und Monument* (Romana Schneider und Wilfried Wang, 1998).

7 Franz Dröge, Michael Müller, „Die Revision der Moderne. Ein Skandal“, in: *ARCH+ 122. Von Berlin nach Neuteutonia,* Juni 1994, S. 73.

8 Ebd.

9 Winfried Nerdinger: „Hans Poelzig, Paul Bonatz, Paul Schmitthenner. Die allmähliche Aufwertung, Normalisierung und Rehabilitierung der Konservativen, Opportunisten und NS-Mittäter“ (2011), in: *ARCH+ 235. Rechte Räume. Bericht einer Europareise,* April 2019, S. 29.

10 change.org/p/herrn-rainer-robra-kulturminister-und-vorsitzender-des-stiftungsrates-der-stiftung-bauhaus-dessau-offener-brief-zum-auftrittsverbot-der-punk-band-feine-sahne-fischfilet-am-bauhaus-dessau (Stand 19.07.2019).

AUTHORS

AUTORINNEN UND AUTOREN

PHILIP URSPRUNG is Dean of the Department of Architecture at the Swiss Federal Institute of Technology (ETH) Zurich. He has taught and conducted research there since 2011 as a professor of art and architectural history. The cultural historian, born in 1963 in Baltimore (USA), has also worked in Geneva, New York and Barcelona, among other places. He was awarded the Prix Meret Oppenheim in 2017.

ANNA RAMOS has been the director of Mies van der Rohe Foundation since 2016. She studied architecture at Barcelona Tech (UPC) and at the Delft University of Technology. She has taught and lectured at various institutions in Europe and North America. Since 2003 she has been an associate professor at the School of Architecture (ETSAB) in Barcelona, where she also founded and directed her architecture practice for 16 years.

KENNETH FRAMPTON was awarded the Golden Lion at the 2018 Venice Architecture Festival. The British architect, critic and historian studied at the Architectural Association in London. He has been a professor at the Graduate School of Architecture, Planning and Preservation (GSAPP) of Columbia University in New York since 1972 and still teaches there today. Frampton coined the term "critical regionalism". His publications include the classic, *Modern Architecture. A Critical Building History.*

AARON BETSKY is president of the School of Architecture at Taliesin. The critic of art, architecture and design is the author of over a dozen books on those subjects, including a forthcoming survey of modernism in architecture and design. Trained as an architect and in the humanities at Yale University, he was previously director of the Cincinnati Art Museum (2006–2014) and the Netherlands Architecture Institute (2001–2006), as well as curator of Architecture and Design at the San Francisco Museum of Modern Art (1995–2001). In 2008, he directed the 11th Venice International Biennale of Architecture. His latest books, *Making It Modern* and *Architecture Matters* were published in 2017.

PHILIP URSPRUNG ist Dekan des Departement Architektur an der Eidgenössischen Technischen Hochschule (ETH) Zürich. Dort unterrichtet und forscht er seit 2011 als Professor für Kunst- und Architekturgeschichte. Frühere Stationen führten den 1963 in Baltimore, Maryland (USA) geborenen Kulturhistoriker unter anderem nach Genf, New York und Barcelona. 2017 wurde Philip Ursprung mit dem Prix Meret Oppenheim ausgezeichnet.

ANNA RAMOS ist seit 2016 Direktorin der Fundació Mies van der Rohe, Barcelona. Sie studierte Architektur an Universität Politècnica de Catalunya und an der Technischen Universität Delft. Ihre Lehraufträge und Vorträge führten sie an verschiedene Universitäten in Europa und Nordamerika; seit 2003 ist sie außerordentliche Professorin an der Escola Tècnica Superior d'Arquitectura de Barcelona. Dort hatte sie auch ihr eigenes Büro gegründet, das sie 16 Jahre lang führte.

KENNETH FRAMPTON wurde 2018 mit dem Goldenen Löwen der Architekturbiennale Venedig ausgezeichnet. Der britische Architekt, Kritiker und Historiker studierte an der Architectural Association in London; er ist seit 1972 Professor an der Graduate School of Architecture, Planning and Preservation (GSAPP) der Columbia University in New York und unterrichtet dort bis heute. Frampton prägte den Begriff des „Kritischen Regionalismus". Zu seinen Veröffentlichungen zählt auch der Klassiker *Moderne Architektur. Eine kritische Baugeschichte.*

AARON BETSKY ist Direktor der School of Architecture Taliesin in Scottsdale, Arizona (USA). Der Kunst-, Architektur- und Designkritiker hat über ein Dutzend Bücher verfasst, darunter einen in Kürze erscheinenden Überblick über die Moderne in Architektur und Design. Nach dem Studium der Architektur und der Geisteswissenschaften an der Yale University war er Direktor des Cincinnati Art Museum (2006–2014) und des Netherlands Architecture Institute (2001–2006) sowie Kurator für Architektur und Design am San Francisco Museum of Modern Art (1995–2001). 2008 leitete er die 11. Architekturbiennale in Venedig. Seine beiden letzten Bücher, *Making It Modern* und *Architecture Matters,* sind 2017 erschienen.

RAQUEL FRANKLIN leitet die Abteilung Architekturtheorie an der Universidad Anáhuac México in Mexiko City. Sie promovierte 1997 am Technion-Israel Institute of Technology mit ihrer Dissertation *Hannes Meyer in Mexico (1939–1949).* Franklin war Co-Kuratorin der Ausstellung *Das Coop-Prinzip: Hannes Meyer und die Idee des Kollektiven Designs* der Stiftung Bauhaus Dessau im Jahr 2015. Sie hat verschiedene Essays über Hannes Meyer in mehreren kürzlich erschienenen Büchern veröffentlicht.

RAQUEL FRANKLIN is Head of the Theory of Architecture section at Universidad Anáhuac México. She obtained her PhD at the Technion-Israel Institute of Technology in 1997 with her dissertation *Hannes Meyer in Mexico (1939–1949)*. Franklin was co-curator of the exhibition *The Co-op Principle: Hannes Meyer and the Concept of Collective Design* at Stiftung Bauhaus Dessau in 2015. She has also contributed essays on Hannes Meyer to several recently published books.

HILDE STROBL was Curator of the Museum of Architecture and researcher at the Department of Architectural History and Curatorial Studies of the Technical University of Munich from 2005 to 2019. She studied art history and German philology and earned her doctorate on the work of Wolfgang Hildesheimer. Her curatorial work in exhibitions and publications is dedicated to the question of the socially relevant role of architecture and its media, Such as *Don't Be Afraid to Participate! Housing Today and Neue Heimat (1950–1982). A Social Democratic Utopia and its Buildings.* Since July 2019, Hilde Strobl has been researching architecture of the Nazi era in Tyrol on behalf of the State of Tyrol.

ZVI EFRAT is a partner in Efrat-Kowalsky Architects (EKA) and was head of the Department of Architecture at the Bezalel Academy of Arts and Design, Jerusalem, from 2002 until 2010. The architect and architecture historian studied at New York University (NYU) and at Princeton University. He has taught at several universities, lectured worldwide, published extensively and curated numerous exhibitions, among them *The Object of Zionism* at the Swiss Architecture Museum in Basel in 2011. His book, *The Object of Zionism, The Architecture of Israel* was published by Spector Books in 2018.

HANS IBELINGS is the editor and publisher of the *Architecture Observer.* He lectures at the Daniels Faculty of Architecture, Design and Landscape at the University of Toronto. Before moving to Canada in 2012 he was the editor and publisher of *A10 new European architecture,* a magazine he founded in 2004 with the graphic designer Arjan Groot. Ibelings is the author of a number of books, including *Supermodernism* and *European Architecture Since 1890.*

HILDE STROBL war von 2005 bis 2019 Kuratorin am Architekturmuseum und wissenschaftliche Mitarbeiterin am Lehrstuhl für Architekturgeschichte und kuratorische Praxis der Technischen Universität München. Sie studierte Kunstgeschichte und Germanistik und promovierte über das Werk von Wolfgang Hildesheimer. Als Kuratorin widmet sie sich in Ausstellungen und Publikationen der Frage nach der gesellschaftsrelevanten Rolle von Architektur und ihren Medien wie *Keine Angst vor Partizipation! – Wohnen heute* und *Die Neue Heimat (1950–1982). Eine sozialdemokratische Utopie und ihre Bauten.* Seit Juli 2019 forscht Hilde Strobl im Auftrag des Landes Tirol über Architektur der NS-Zeit in Tirol.

ZVI EFRAT ist Partner bei Efrat-Kowalsky Architects (EKA). Bis 2010 leitete er das Department Architektur an der Bezalel Academy of Arts and Design, Jerusalem. Er studierte am Pratt Institute, an der New York University (NYU) und an der Princeton University. Er hat an verschiedenen Universitäten gelehrt, hält weltweit Vorträge, publizierte zahlreiche Artikel und kuratierte verschiedene Ausstellungen, darunter *Borderline Disorder* im israelischen Pavillon der 8. Architekturbiennale in Venedig 2002 und *The Object of Zionism* im Schweizerischen Architekturmuseum in Basel 2011. Sein Buch *The Object of Zionism, The Architecture of Israel* erschien 2018 bei Spector Books.

HANS IBELINGS ist Redakteur und Herausgeber des *Architecture Observer.* Er unterrichtet an der Daniels Faculty of Architecture, Design and Landscape der University of Toronto. Vor seiner Übersiedlung nach Kanada 2012 war er Redakteur und Herausgeber von *A10 new European architecture,* einem Magazin, das er 2004 mit dem Grafikdesigner Arjan Groot gründete. Ibelings ist Autor verschiedener Bücher, darunter *Supermodernism* und *European Architecture Since 1890.*

SANDRA HOFMEISTER ist Chefredakteurin von Detail. Sie verantwortet die Zeitschriften, das Buchprogramm sowie die Online-Portale des Verlags. Als Herausgeberin und Autorin veröffentlichte die promovierte Philologin zahlreiche deutsch- und englischsprachige Bücher und Beiträge in Zeitungen und Zeitschriften zu zeitgenössischer Architektur und Design. Derzeit lehrt sie an der Universität für Angewandte Kunst in Wien.

SANDRA HOFMEISTER (*1970) is Editor-in-Chief of Detail. In addition to the magazines, she oversees the publisher's book programme and online portals. She has a PhD in philology and has edited and written numerous books and articles on architecture and design. Currently she also teaches at University of Applied Arts Vienna.

STEPHAN TRÜBY (*1970) is Professor and Director of the Institute of the Basics of Modern Architecture and Design (IGmA) of the University of Stuttgart. He was previously Professor of Temporary Architecture, HfG Karlsruhe (2007–2009), Head of the Postgraduate Programme MAS Scenography / Spatial Design, Zurich University of the Arts (2009–2014), Architectural Theory Teacher, Harvard University (2012–2014) and Professor of Architecture and Cultural Theory, TU Munich (2014–2018). His most important books include *Exit-Architektur. Design zwischen Krieg und Frieden* (2008), *Absolute Architekturbeginner: Schriften 2004–2014* (2017) and *Die Geschichte des Korridors* (2018). His research interests include, among others, architecture and urbanism in the 19th, 20th and 21st centuries in the context of political and economic developments.

FRIEDERIKE VON RAUCH (*1967 in Freiburg) is an artist living in Berlin. She studied at Universität der Künste in Berlin and received numerous grants and awards. Her work has been shown in solo and group exhibitions, including at Deichtorhallen (Hamburg 2019), Haus am Kleistpark (Berlin 2029), Museum DrII Guislan (Gent 2018), Goethe Institut Paris (2017), De Grarage Mechelen (2016), Couvent de la Tourette (2016), the German Embassy in Washington, DC (2015) and in many other exhibitions in Europe and Brazil.

STEPHAN TRÜBY ist Professor und Direktor des Instituts Grundlagen moderner Architektur und Entwerfen (IGmA) der Universität Stuttgart. Zuvor war er Professor für Temporäre Architektur, HfG Karlsruhe (2007–2009), Leiter des Postgraduiertenprogramm MAS Scenography/Spatial Design, Zürcher Hochschule der Künste (2009–2014), Lehrer für Architekturtheorie, Harvard University (2012–2014) und Professor für Architektur und Kulturtheorie, TU München (2014–2018). Zu seinen wichtigsten Büchern *gehören Exit-Architektur. Design zwischen Krieg und Frieden* (2008), *Absolute Architekturbeginner: Schriften* 2004–2014 (2017) *und Die Geschichte des Korridors* (2018). Seine Forschungsschwerpunkte sind unter anderem Architektur und Urbanismus im 19., 20. und 21. Jahrhunderts im Kontext politischer und ökonomischer Entwicklungen.

FRIEDERIKE VON RAUCH ist Künstlerin und lebt in Berlin. Sie studierte an der Berliner Universität der Künste und erhielt im zahlreiche Stipendien und Auszeichnungen. Ihre Werke waren in Einzel- und Gruppenausstellungen zu sehen, unter anderem in den Deichtorhallen, Hamburg (2019), im Haus am Kleistpark, Berlin (2019), im Museum Dr. Guislain, Gent (2018), im Goethe Institut, Paris (2017), in De Grarage, Mechelen (2016), im Couvent de la Tourette (2016), in der Deutschen Botschaft, Washington, D.C. (2015) und in vielen weiteren Ausstellungen in Europa und Brasilien.

The photographs by Friederike von Rauch sharpen our perception of spaces. They set a frame for the gaze and through this selection they focus on the essential. Proportions, materials, light and shade are all present in the still images. Spatial constellations decompose into abstract compositions – conveying a sense of timeless distance yet immediacy.
For her series on the Academy of Arts on Hanseatenweg in Berlin, the artist explored the architecture by Werner Düttmann and Sabine Schuhmann with her medium-format camera. Located in the Grosser Tiergarten park, the building was opened in 1960 and is among the most impressive examples of post-war modernism in Berlin. Its sober architectural language and unpretentious clarity are now the subject of a photographic quest to discover traces of the Bauhaus legacy.
Friederike von Rauch leads visitors on a photographic excursion through the corridors and foyers of the Academy of Arts. She captures sightlines and staircases, takes on proportions and spatial constellations. The artist photographs without artificial light and by analogue means. Conducting her camera at eye level, she assumes the perspective of the viewer, who, through her, becomes an observer, sharpening his or her own perception. A grey sofa against a brick wall; an open door directing our gaze into the bright stairwell. The photographs, devoid of people, depict the Academy's architecture in the still images of memory. They lend its spaces a life of their own, revealing isolated traces of the past presence of people. Blue upholstered furniture pieces spread their clear lines throughout the room. Rays of sunlight stream in from the courtyard to cast sharp contrasts on the floor of irregular slate slabs.
Colour and materials condense in the artist's carefully framed images. They become essential elements of the architecture, obeying an inner logic that transforms the incidental into the substantial. Thus the wooden wall panelling becomes abstract surfaces; the concrete world of objects melts away. Timeless, yet close. Far away, yet immediate.
Walter Benjamin defined the controversial concept of "aura" as "the unique phenomenon of distance, however close it may be." According to Benjamin, it is determined by perception and the interrelationship between object and recipient. In Friederike von Rauch's photographs, the architecture of the Academy of Arts becomes an auratic example because its spatial-temporal perception can be understood as photographic appropriation. The relationships revealed in the photographs, between subject and object, object and recipient, also describe another auratic level: that of the Bauhaus legacy, its reception and how it continues to transcend the limits of time and space.

Sandra Hofmeister

Die Fotografien von Friederike von Rauch präzisieren die Wahrnehmung von Räumen. Sie setzen dem Blick einen Rahmen und konzentrieren sich in diesem Ausschnitt auf das Wesentliche. Proportionen und Materialien, Licht und Schatten treten in den stillen Standbildern hervor. Raumkonstellationen lösen sich zu abstrakten Kompositionen auf – in zeitloser Ferne und doch gegenwärtig.
Für die Serie zur Akademie der Künste in Berlin hat die Künstlerin die Architektur von Werner Düttmann und Sabine Schuhmann mit ihrer Mittelformatkamera in den Blick genommen. Das Gebäude am Großen Tiergarten wurde 1960 eröffnet und zählt zu den beeindruckendsten Beispielen der Nachkriegsmoderne in Berlin. Seine nüchterne architektonische Sprache und seine unpathetische Klarheit sind Gegenstand einer fotografischen Spurensuche, die das Bauhaus-Erbe erkundet.
Auf ihrem fotografischen Rundgang führt Friederike von Rauch durch Korridore und Foyers der Akademie der Künste, sie zeichnet Durchblicke und Treppen auf, eignet sich Proportionen und Raumkonstellationen an. Die Künstlerin fotografiert ohne künstliches Licht und analog. Ihre Kamera ist auf Augenhöhe und nimmt den Standpunkt des Betrachters ein, der mit ihr zum Beobachter wird und seine Wahrnehmung schärft. Die menschenleeren Fotografien porträtieren die Architektur der Akademie der Künste in Standbildern der Erinnerung und geben den Räumen ein Eigenleben, in dem vereinzelte Spuren der früheren Präsenz von Menschen erkennbar sind. Blaue Polstermöbel verteilen ihre klaren Linien im Raum. Die Sonnenstrahlen aus dem Hof werfen scharfe Kontraste auf den Boden aus unregelmäßigen Schieferplatten.
Farbe und Materialien verdichten sich in den sorgfältig gewählten Bildausschnitten der Künstlerin. Sie werden zu essenziellen Elementen der Architektur und gehorchen einer inneren Logik, die Beiläufiges zum Substanziellen macht. So verwandeln sich die Holzverkleidungen der Wände in abstrakten Flächen, die konkrete Gegenstandswelt löst sich auf. Zeitlos und doch nah. In weiter Ferne und doch gegenwärtig.
Walter Benjamin definierte den umstrittenen Begriff der „Aura“ als „einmalige Erscheinung einer Ferne, so nah sie auch sein mag“. Entscheidend ist nach Benjamin die Wahrnehmung sowie das Wechselverhältnis zwischen Gegenstand und Rezipienten. In den Fotos von Friederike von Rauch wird die Architektur der Akademie der Künste zu einem auratischen Exempel, weil ihre raum-zeitliche Wahrnehmung als fotografische Aneignung verstanden werden kann. Die Relation zwischen Subjekt und Objekt, Gegenstand und Rezipienten, die sich in den Aufnahmen zeigt, umschreibt außerdem eine weitere auratische Ebene: die des Bauhaus-Erbes und seiner fortwährenden raum-zeitlichen Entgrenzung und Rezeption.

Sandra Hofmeister

AKADEMIE DER KÜNSTE

Friederike von Rauch